博物馆里的
考古大发现丛书

金沙迷雾

科影发现/编

中国科学技术出版社
·北京·

科影发现

科影发现

中央新影集团下属优质科普读物出版品牌,致力于科学人文内容的纪录和传播。团队主创人员由资深纪录片人、出版人、文化学者、专业插画师等组成。团队与电子工业出版社、清华大学出版社、机械工业出版社、中国科学技术出版社等国内多家出版社合作,先后策划、制作、出版了《我们的身体超厉害》《不可思议的人体大探秘:手术两百年》《门捷列夫很忙:给孩子的化学启蒙》《小也无穷大》《中国手作》《文明的邂逅》等多部优质图书。

科影发现系列丛书总编委会

主　　任：张　力　池建新

副 主 任：余立军　佟　烨　刘　未　金　霞　鲍永红

委　　员：周莉芬　李金玮　任　超　陈子隽　林毓佳

本书编委会

执行主编：周莉芬

成　　员：唐　真　查乙菲　董浩珉　任　超　陈子隽
　　　　　李晓龙　刘　蓓　张　鹏　林毓佳　樊　川
　　　　　赵显婷　孙艳秋　郭　艳　郭海娜　宗明明

版式设计：赵　景　赵婧涵

图片来源：北京发现纪实传媒纪录片素材库
　　　　　图虫网　123图片库

序

从1986年发现三星堆1、2号祭祀坑开始,到20世纪90年代的近十年间,三星堆文明的去向一直悬在人们的心头:这个文明以如此繁盛的面貌惊现于世,却在没有呈现任何衰落气象的时候戛然而止,消失得无影无踪了。

它真的彻底灭绝了吗?1995年,金沙遗址的发现,让这个持续了9年的悬念,找到了方向。

金沙遗址出土了一件青铜器,这件青铜立人身躯修长,神情肃穆,头顶是环形帽圈,有着十三道弧形装饰如同太阳的光芒。虽然掩埋千年,铜像身上仍隐隐散发出神秘的气息。

这个形象与三星堆遗址出土的著名青铜大立人像极为相似。两者脸形类似、神情庄严,双手聚于胸前,有着相同的手势,手中都应当持握着从双手间穿插而过的器物。看来,金沙与三星堆,似乎有着相同的祭祀文化。

随着金沙遗址发掘工作的继续,出土的象牙有着与三星堆同样有序的放置和埋藏的方式,出土的黄金面具有着三星堆同样宽阔的下巴、硕大的耳朵、相似的表情……无一不向世人揭示:三星堆和金沙遗址有着相同的信仰。

种种迹象表明,金沙遗址的背后就是古蜀人。金沙,与三星堆一样,也是古蜀国的都城。

通过这些精美贵重的器物,我们知晓:上古蜀国,祭祀是一项集举国之力的重要的活动；上古蜀人，有着丰富的哲学思想和宗教信仰；上古蜀人有着非凡的艺术创造力和想象力。他们也造就了古蜀国精湛的工艺水平和工艺成就……

通过科学测定技术和综合推测，专家们认定，三星堆存在于公元前2500年到公元前1200年，金沙则出现于约商代晚期至西周时期。金沙文明恰好填补了三星堆文明消失后的时期。

到底是什么不可抗力，导致古蜀人将古蜀国的都城从三星堆迁到了金沙？

古蜀国，就像一本神秘宝藏之书，越是翻看，越是惊奇；越是更多地了解，越是心驰神往；越是探寻到更多未解之谜，越是让人欲罢不能。

关于三星堆，关于金沙遗址，关于3000多年前的古蜀人和古蜀文明，有的谜团已经破解，还有很多很多谜团，正在寻找答案。考古仍在继续，探寻从未停止，古蜀国的神秘面纱，正等着你我一起去揭开。

- 金沙和三星堆一脉相承 —— 064
- 金沙就是古蜀国都城 —— 067
- 三星堆消失之谜 —— 068
- 古蜀国神权与王权的分立 —— 073
- 王权斗争致迁都 —— 075

金声 —— 083

- 一场金箔相关的祭祀演出 —— 084
- 200多件金器出土 —— 086
- 演出核心道具——太阳神鸟 —— 088
- 古蜀国缘何盛产金器 —— 093
- 紧锣密鼓的演出准备 —— 095
- 金器祭祀与权力象征 —— 099
- 金乌与日崇拜 —— 102

目录

金沙遗址博物馆 010

惊世 013

挖掘机下的珍宝 014

紧急文物保护预案立即启动 020

沉睡千年的宝藏震撼出场 024

金沙遗址是古蜀国国都吗 044

神秘古蜀国即将揭开面纱 046

溯源 053

三星堆和古蜀国谜团 054

金沙与三星堆的神秘关联 056

石人像身份大猜想 ——154

祭祀中反绑自己的巫师 ——158

太阳节再现古蜀祭祀 ——163

神圣而庄严的「古蜀大社」 ——166

古蜀国的神灵崇拜 ——173

远去 177

数以万吨的象牙出土 ——178

出土就风化的象牙如何保护 ——182

上万吨象牙是异邦舶来品吗 ——187

古金沙曾是象群栖息地 ——191

象群消失之谜 ——196

古蜀国灭亡 ——200

古蜀文明未完待续 ——205

玉振

- 疑点重重的十节玉琮 —— 109
- 玉器祭祀——以玉通神 —— 110
- 金沙玉器溯源 —— 113
- 绚丽多彩的金沙玉器 —— 116
- 十节玉琮竟是良渚玉器 —— 120
- 古蜀国真的与世隔绝吗 —— 123
- 古蜀国第一任蜀王——蚕丛 —— 127
- 兼容并包的古蜀玉器 —— 130
- —— 136

石祭

- 让人目瞪口呆的石像出土 —— 143
- 太阳节：筹备一场石人像祭祀活动 —— 145
- 石人像猜想：血腥的活人祭祀 —— 147
- —— 150

金沙
遗址博物馆

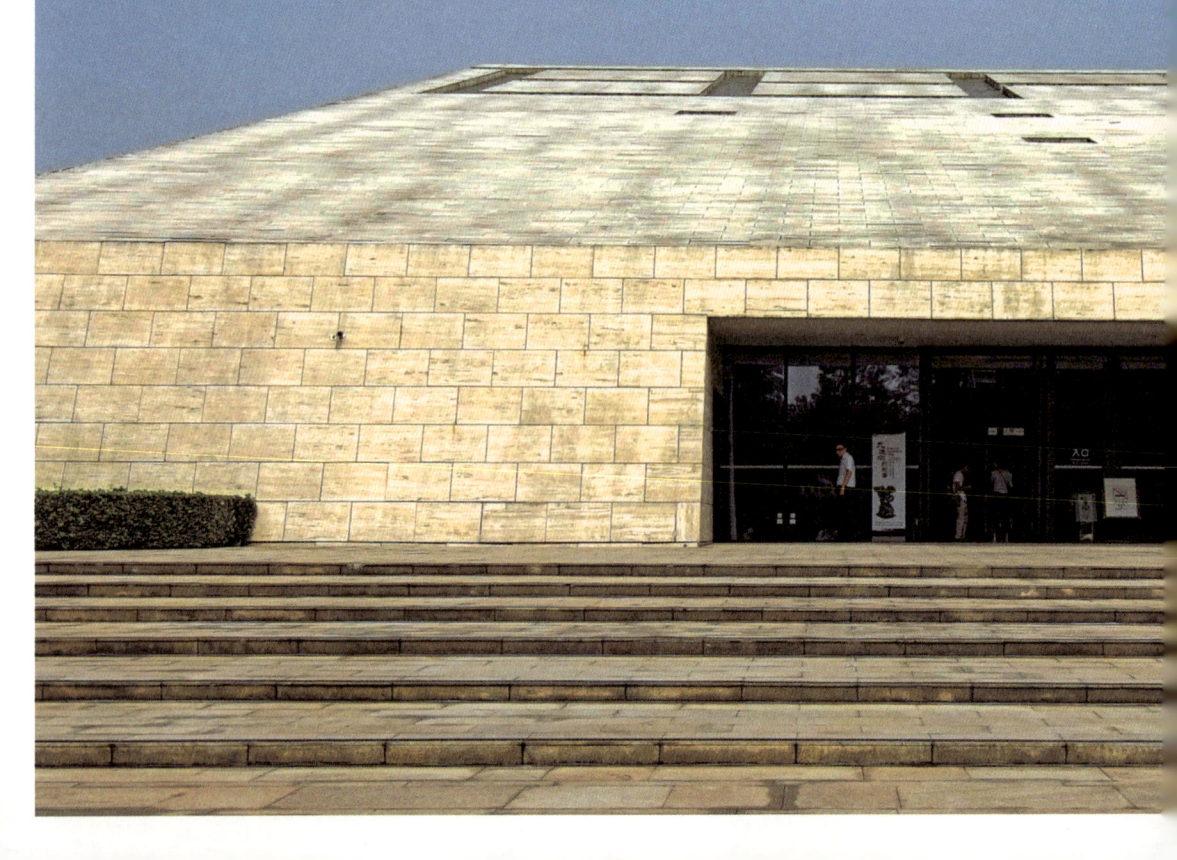

金沙遗址，是距今3200～2600年古蜀王国在商代晚期至西周时期的都邑所在，它被评为"2001年全国十大考古新发现"，也是四川继三星堆之后又一个重大考古发现。它的发现为破解三星堆文明突然消亡之谜找到了有力证据。

金沙遗址已发现的重要遗迹有大型建筑基址、祭祀区、一般居住址、大型墓地等，出土了金器、铜器、玉器、石器、象牙器、漆器等珍贵文物，还有数以万计的陶片、数以吨计的象牙以及数以千计的野猪獠牙和鹿角，堪称世界范围内出土金器、玉器最丰富，象牙最密集的遗址。

金面具

惊世

　　三星堆，一个独特而耀眼的存在。它让传说中谜一样的古蜀国，从杳无踪迹的神话变成了可以触摸的真实。就在人们为这个横空出世的古国建构它的前世今生时，距离三星堆数十千米之外的金沙遗址，一个新的奇迹出现了……

挖掘机下的珍宝

四川省位于中国的西南地区，面积 48.6 万平方千米，成都平原就位于四川盆地的西部。

成都平原的西面是龙门山、邛崃山，东面是龙泉山，地势西北高东南低；岷江、沱江等河流在出山口冲积出一片片扇形地，由此连接形成一个狭长形的平原，这就有了一个相对独立的地理区域——成都。

成都自古就有"天府之国"的美誉。据记载，"成都"二字得名，是借用西周建都的历史经过，取周王迁岐，"一年成聚，二年成邑，三年成都"。

成都平原风光

　　成都，是我国西南开发最早的地区之一，从有确切记载算起已有2300多年的历史。

　　大约在公元前5世纪中叶，古蜀国就在这里构筑城池。战国时期，秦国吞并巴国和蜀国后，在这里开始了大规模开发。

　　汉朝时，成都因织锦业发达，中央专门设置锦官管理，还特别筑城以保护蜀锦生产，因此成都也有"锦官城"的美称。

　　公元前106年，汉武帝在成都设置益州刺史部。当时成都人口就达近40万人，成都也成为与长安、洛阳等齐名的六大都市之一。

金沙迷雾

惊世

唐朝时，成都跃升为全国繁华的工商业城市，与扬州齐名，人称"扬一益二"；五代十国时，成都遍种芙蓉花，因此成都又被称为芙蓉城，简称"蓉城"。

北宋时，成都是除汴京外的第二大都会，并发明世界上第一种纸币——交子。

成都历史悠久，市中心的著名旅游景点宽窄巷子里就有一面特殊的墙壁，艺术家用各个历史时期的砖头，向世人讲述着成都曾经的辉煌。

2001年2月8日，成都西郊，下午5点，一片住宅工地上，工人们忙碌着，规划中这里要建设一个豪华的住宅小区。目前工程的第一步，就是清理基础、开挖排水沟。

经过连续几天的挖掘，工地上已经挖出了一条深沟。二月的成都，潮湿而寒冷，工人们加快了施工的节奏，他们憧憬着能够早点回到街角的大茶铺中，好好喝一壶三花热茶。

突然，工地骚动了起来，挖掘机从地下不知挖出了什么东西，白花花地铺了一地，就好像刚下过一场小雪一样，人们发现很多类似骨头却又比骨头还大很多的东西，另外还有很多有点像三星堆出土的玉片以及很多木头。

成都廊桥风光

金沙迷雾

这里一定有宝藏……

消息迅速传播开来，周边居民蜂拥而至，人们疯狂地挖刨着泥土，希望从这些泥土里面发现更多的宝贝。

谁也没有想到，就是在这样一个毫无准备的下午，四川继三星堆之后的又一个重大考古发现出现在世人眼前。中国进入21世纪后第一个而且是非常重大的考古发现——金沙遗址，就这样赫然揭开神秘面纱，将人们的视线一下子拉回到3000年前的古蜀王国……

· 惊世 ·

金沙遗址博物馆

金沙遗址

金沙，是一个地名。考古专家从一座被发掘出来的五代后蜀时期的墓碑上发现这个地方在当时被称作"金沙村"，表明至少从五代十国时期（1000多年前）"金沙"这个美丽的名字便一直存在并沿用至今。

金沙遗址，分布范围约5平方千米，是距今3200～2600年前的长江上游古代文明中心——古蜀王国的都邑，被评选为"2001年全国十大考古新发现"之一。

紧急文物保护预案立即启动

四川绵阳临园宾馆,晚上8点多,一个行业会议正在有序地进行着。突然,坐在主席台上的成都市考古所所长连续接到两个电话,得知成都西郊一个工地有重要发现。

得知情况后，王所长立刻宣布暂停会议，马上安排江章华、朱章义、张擎三位专家连夜乘车返回成都处理这一突发事件。

看着车窗外飞驰而过的路灯，张擎等人抑制不住内心的兴奋和紧张，他们隐隐预感：这次的发现，绝不简单！

第二天一大早，张擎和其他专家们急匆匆地赶到了成都市文物处，察看收集到的文物——几件石璧、石虎、石蛇和石跪坐人像残件。

张擎一行人又立刻赶到现场，这里的景象却让专家们倒吸了一口凉气。只见到处人山人海，就像在赶集一样。

到施工现场探查发现，入眼看到的就是一片白茫茫的土——这是挖土机挖碎了的白色象牙渣，后来考古工作者光是从那个土里面清理出的象牙渣，就在库房里堆成了一个小山；沟壁上就到处可见象牙，沟里也能随处发现石璧、石人，以及少量玉器等物。

石虎

考古现场的石人、石蛇、石虎、玉器等

021

专家们沿着白土巡查，随便一扒拉，就会发现青铜器、玉器，走一遭就会捡十多件回来。专家断定，这次意外发现，绝不简单！

在这座古老城市的泥土下面，专家们会有什么惊人发现呢？

当务之急，专家们和工作组立即启动了紧急预案，马上把现场保护起来，并迅速展开一系列紧急措施。

把挖土机挖出来堆在沟边的散土，全部控制起来；成都所有文物体系、公安体系全部动起来了，把现场围起来，并追缴流失文物；与建设单位协商，立即停止所有施工，并且搭建保护隔离墙；马上要求考古队能够调动的保安力量，全部到工地现场来，加强现场保卫工作；通知民工负责人马上带领民工到工地现场，抓紧开始清理工作。

一切工作有条不紊地进行着：负责现场安保的人员全部到位，公安部门开始文物追缴，文物抢救清理工作也分三步展开了。

第一步，快速清理，工作组用了四天

·惊世·

现场被保护起来　文物抢救性保护开始

考古人员在细细清理文物　现场发现很多文物

的时间，初步清理出1000多件物品；

第二步，慢慢清理，将大土块打碎，一点点细细清理，这个过程中清理出了100多件文物；

第三步，用筛子一点点筛。

每位工作人员都处于极度的兴奋之中——沉睡千年、一座巨大的王国宝藏，渐渐露出了端倪。

金沙迷雾

沉睡千年的宝藏震撼出场

文物抢救现场不断传回有新发现的消息，当时的成都市考古所所长王毅（现任四川省文化和旅游厅副厅长、党组成员、省文物局局长、党组书记）赶到现场一看直接目瞪口呆。

王所长这样描述整个金沙遗址挖掘过程："我们的考古人员不断从土堆里面筛选出各种特别重要的文物，感觉真的像是'芝麻开门'，触动了宝藏开关。"

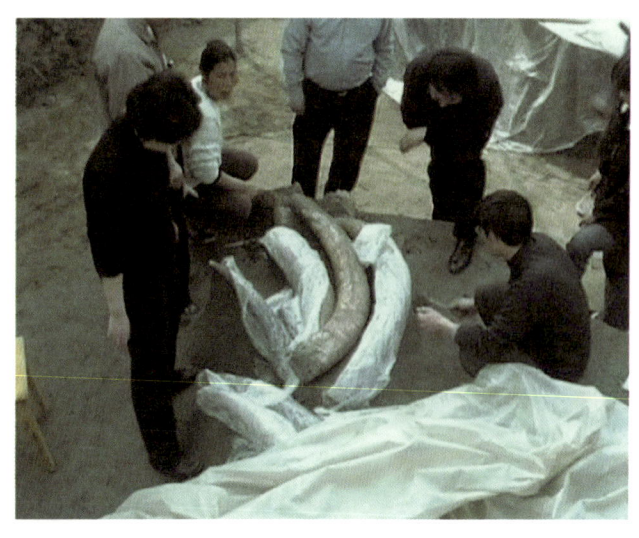

象牙

· 惊世 ·

现场发现大量象牙

数量惊人的象牙

　　首先，最不可思议的就是现场发现大量的象牙。考古专家从挖掘断面观察，这里埋藏的象牙多达 8 层，它们像木头一样，一层层摆放得很规律、很整齐，场面十分壮观，光是这样的象牙坑就有好几个。初步估计象牙数量有上千根，重量可达两吨至三吨。

　　这让考古人员很震惊，要知道古代遗址中,大多数文物都是制成品,如玉器、青铜器、陶瓷、铁制品等，很少有数量如此庞大的动物原材料，还全部都是珍贵的象牙。

金沙迷雾

古人囤积这么多的象牙有什么用途？数量如此庞大的象牙究竟从哪里来的？

我们知道，今天的四川境内是根本没有野生大象的。如果说这些象牙都是本地出产的，那么历史上，究竟哪个年代的气候和植被能够养育这样的巨兽？

纵观四川的整个历史时期，不论秦汉还是唐宋，对于野生大象的记载都寥寥无几。难道，这个遗址的年代，比唐宋甚至秦汉还更加古老？

大象从哪里来

大象曾在四川生活过

026

· 惊世·

金沙场景复原

金沙生活场景复原

鱼鸟纹金冠带

接下来的发现,让考古专家们更加疑惑不解。

这是一件差点被遗漏的文物,它能够被保留下来并最终被人们发现,本来就是一个奇迹。

这件文物经历了从挖掘机把它挖出来放在路边,经过了不知道到底是一个月还是半个月还是具体多长时间,一直都在路边没能被人发现。在人工回填的时候没人发现它,人工夯筑的时候也没人发现它。

一直到它引起现场考古学家的注意,是因为人们不经意间看到一块不起眼的泥块,它上面隐隐露出一个小金角,在阳光下十分耀眼。

这块泥块直径约 10 厘米。

清除掉附着在上面的泥土后，工作人员轻轻展开已被揉成一团的金箔，它终于露出了"真容"——这是一条可以卷起来的金冠带。

金冠带长约 60 厘米，宽约 3 厘米，上面刻画有纹饰，由四组图案组成。每组图案由一个人面和一支穿过一条鱼和一只鸟的箭组成，鱼压箭头，箭压鸟身。

值得一提的是，金冠带上的图案与三星堆遗址出土的金杖上面的图案一模一样。两者到底有着怎样的关联，这让专家们深思不已。

不管怎么说，金冠带的发现，都让大家倍感庆幸。

金箔展开竟然是金冠带

射鱼纹金冠带

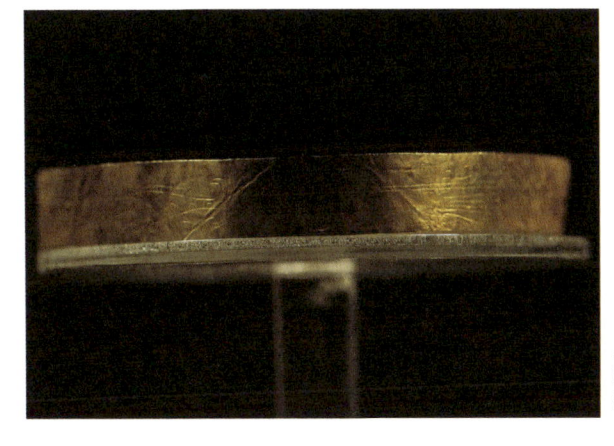

金冠带

金冠带

　　金冠带，全称商周人面鱼鸟箭纹金王冠带。金质，外径20.4厘米，高2.83厘米，厚0.03厘米。

　　纹饰錾刻在金带表面，由四组相同的图案组成，每组图案分别有一鱼、一箭、一鸟和一人面。整个纹饰线条流畅，具有重大的象征意义和历史、艺术、科学价值，是研究商周时期成都地区青铜文明、金器加工工艺以及四川盆地与外地文化交流的重要实物资料。

金沙迷雾

十节青玉琮

紧接着，另一件重要文物出土了。

这天，原金沙遗址博物馆考古部主任张擎正在拍摄工作人员从散土中清理翻查文物的情况，突然，他听到有人叫他的名字。

只见一位名叫倪林忠的技工师傅正咧着嘴笑得特别灿烂地大喊，"张老师，张老师，这边来一下、这边来一下。"摄像机镜头里，张擎就看到他手上拿着一个青绿色的东西。这不正是一件玉琮吗！

轻轻抹去文物上的泥土，一件被称为"旷世精品"的十节青玉琮，显露了出来。现场专家激动地发现：这件国宝级的玉琮，比中国其他地方曾经发掘出土的玉琮都要精美。

最主要的是，这件十节青玉琮，它的玉质色彩还保持着当时本身的青绿色，这是非常罕见的。

考古人员发现玉琮　　十节青玉琮制作精良

· 惊世 ·

十节玉琮

十节玉琮

  这件出土于金沙遗址的十节青玉琮，经专家考证，并非是金沙本地玉器，而是属于新石器时代良渚文化的玉器，比金沙文明早了1000多年。

  透闪石玉，青色，长方柱体，外方内圆，器上大下小，中间贯穿一孔。全器分为十节，每节雕刻有简化人面纹。器内外打磨抛光，玉质平滑光润，制作十分规整。

031

知识链接：良渚玉琮

　　考古专家在距今5300—4300年的良渚文化遗址发现大量玉器，其中良渚玉琮因其用料上乘，制作工艺令人叹为观止，布列罕见，被视为良渚文化玉器的典范。

　　如下页图这件出土于良渚文化遗址的兽面纹玉琮，可以清晰看到，器物上纹刻着的良渚古先民们最崇拜的兽面纹，纹路刻画得非常精细。不过，玉琮本身却呈现出像鸡骨头一样发白的颜色，即"鸡骨白"。

　　不止这件，良渚出土的玉琮大都看不出玉料本身的颜色来，反而呈现出的都是"鸡骨白"色，这是怎么回事呢？

　　有专家推测是祭祀时玉琮被火烧过所致，但多数专家认为，玉琮变色主要是由于玉料含有一定的杂质，加之在地下埋葬时间过久，长期受土壤中酸性物质侵蚀，玉质慢慢发生化学变化，导致玉质由最初的颜色逐渐沁变，这才有了鸡骨白样的颜色。

　　不管如何，玉琮在历代统治者眼中，都有着至高无上的地位。人们不仅用玉琮做祭祀天地的礼器，还用它来随葬。古人认为，玉琮能通天地，所以具有保护死者、敛尸防腐，甚至辟凶祛邪、镇墓压胜的作用。

· 惊世 ·

良渚兽面纹玉琮

金沙迷雾

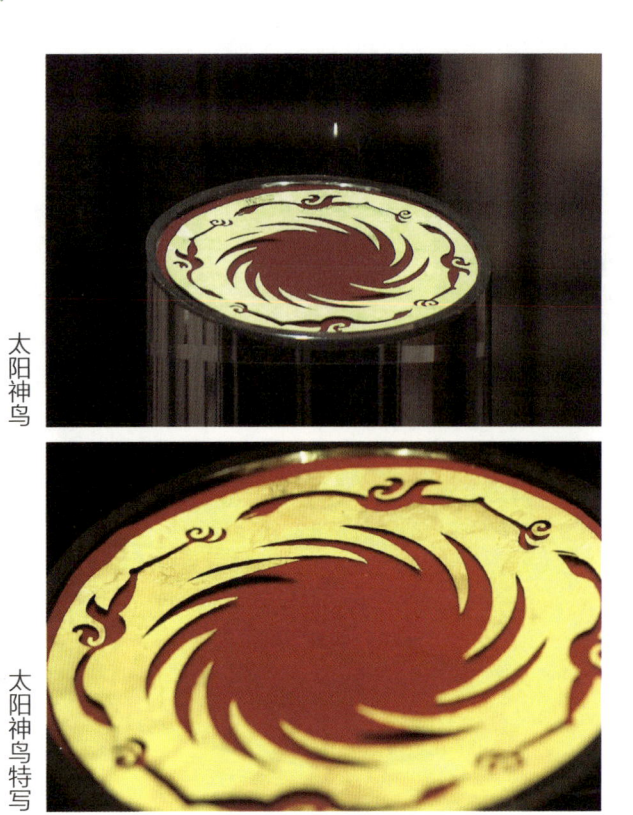

太阳神鸟

太阳神鸟特写

太阳神鸟图案

太阳神鸟

接下来,日后成为"中国文化遗产标志"的太阳神鸟也出土了。它刚出土时,金饰件已经被揉成了一团。现场工作人员在认真记录之后,小心翼翼地将金饰展开,只见金饰上"太阳"和"鸟"的图案清晰呈现出来,伴随着这件金饰物出土的还有象征王权的大量玉器、金器。足见这件金饰在当时也是极为贵重的。

这片薄薄的金片用近似于现代剪纸的方法镂空成四只飞翔的凤鸟,中心为镂空的太阳图案。

内层图案中心是一个没有边栏的圆圈,周围等距分布有十二条顺时针旋转的齿状光芒,光芒呈细长獠牙状,外端尖,图案好似空中旋转不停的太阳。

外层图案由四只相同的逆时针飞行的鸟组成,它们等距分布于内层太阳的周围,引颈伸腿,展翅飞翔,爪有三趾。首足前后相接,向着同一方向飞行,飞行的方向与内层太阳芒纹旋转的方向相反。

它的工艺设计水平之高、造型之生动,在我国同时代文物中是极为罕见的。

金沙迷雾

太阳神鸟

太阳神鸟

　　太阳神鸟，商周时期的金器，其图案被定义为中国文化遗产标志，亦被列入《第三批禁止出国（境）展览文物目录》。整体为圆形，厚度均匀，极薄。整件器物采用锤揲、剪切和打磨等多样加工手法制作而成，正面打磨得十分光亮，背面未经打磨，较为粗糙。该件藏品有着丰富的历史文化内涵，具有重大的历史、艺术和科学价值，是研究商周时期古蜀先民金器制作工艺的重要实物资料。

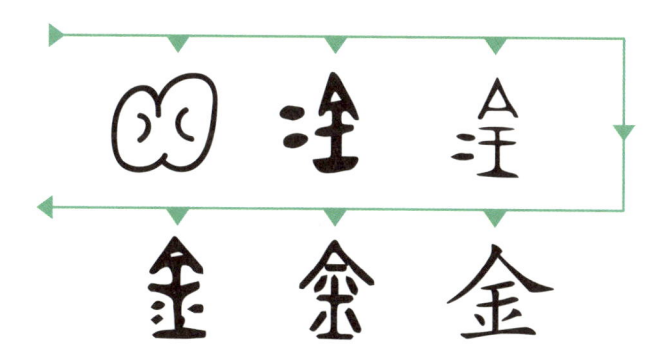

知识链接：金器知多少

　　你知道吗？"金"这个字，最早出现在商代甲骨文和西周金文里。只不过，当时的"金"字并不是专门指代的黄金，主要是指红铜和青铜。到东周之后，"金"字才多用来专门指黄金。

　　其实，青铜的初始颜色并不是青绿色的，而是金黄色的，人们现在所见到的青铜色，是因为长时间埋藏在地下导致的外表氧化变色。

　　而黄金，可以说是人类最早开发利用的金属之一了。早在新石器时代，人们就尝试用黄金来制作各种各样的装饰品了。

　　后来，随着人们对黄金的认识和利用程度逐渐加深，金器逐渐被视为贵重之物和身份象征。比如三星堆遗址出土的金杖、金沙遗址出土的太阳神鸟，都代表着至高无上的权力和拥有者无上的尊贵身份。

石人、石虎

与此同时，造型奇特的石人、石虎、石蛇雕像呈现在考古队员面前。

考古专家整理后发现，金沙遗址出土的10多件石人，身体微微向前倾，眼睛、嘴巴和顶部头发均以阴线刻划。他们全都裸体赤足，双手被绳索反绑，呈跪坐姿态；而且头顶都梳着中分，四角高翘，像一本翻开的书籍；脑后的两股辫发并列下垂。最为神奇的是，这些石人耳垂处都钻孔，有点类似我们现在的耳洞。

这些石人的造型和图案，让人们不禁想起了20世纪80年代在四川广汉发现的三星堆遗址出土的青铜跪坐人像，两者形态类似。据查，这类艺术造像形式在中国其他地区均见不到，专家推测，在金沙新发现的这个遗址和三星堆遗址之间有着某种神奇关联。

与石人相伴而出的还有10只金沙石虎，每只石虎均呈伏卧状，栩栩如生，

三星堆青铜跪坐人像

金沙石跪坐人像

金沙石虎

十分传神；身体是灰黑色，看上去威猛而狞厉，自然而拙朴，是不可多得的石刻圆雕艺术精品。

金沙迷雾

金面具

工作人员从泥土中取出金器

器型无法辨识

王所长清洗器物

尝试从缝隙展开器物

金面具

惊人的发现，远远没有结束。

2007年2月8日，在时隔整整六年之后，冥冥之中，似乎有着什么注定。金沙遗址再次引起了世人的关注。

在8号祭祀坑内，考古学家无意中看见，泥土中显露一个金光灿灿的小角。当工作人员小心翼翼地把这件金器连同泥土一块取出来时，它已经被揉成一块皱皱巴巴的金块，无法辨识它的器型。成都文物考古研究所王毅所长亲自上阵了。

王所长把这件器物拿在手里，小心地展开，却发现器物触手很硬，左右尝试都没有办法掰开来。于是，他拿着这件物品仔细观察起来，发现这件物品上面有一个孔，下面也有一个地方开了一条缝，于是就谨慎又小心地尝试去展开。

王所长一下子就兴奋了，他发现下面那条缝好像是嘴巴，而上面的两个洞就是眼睛，一个人物的形象出来了。王所长大喊道："这是个金面具吧。"整个声音一下就高了八度。

现场的人们一下就轰动了，这无疑是一次重大发现。因为之前发现并出土的金面具都只有一小点，而现在这么大一个金面具，和人脸基本上一样的，并且和三星堆的面具是一样的，最主要的是它非常完整。

这件金面具，长 20.5 厘米，高 10.7 厘米，厚 0.08 厘米，重 46 克，长刀形眉凸起，大立眼，三角形鼻高挺，阔嘴，长方形耳朵，显得十分威严。

它无疑是金沙遗址拥有的又一件国宝级文物，也是当时中国发现的同时期形体最大、保存最为完整的金面具。并且金面具的器型和三星堆文物极为接近，这更进一步证明了，金沙遗址和三星堆遗址之间存在着重大关联。

金面具

·惊世·

正如成都文物考古研究所所长、成都金沙遗址博物馆馆长王毅所说：

金面具的出土，让考古学家终于找到了国王留下的痕迹，也终于发现一件跟这个遗址对等的镇馆之宝，它代表遗址的尊严、代表遗址的主人、代表遗址的规格和档次。从出土的这件金面具身上，你会感觉到王者之气，这种王者之气足以证明金沙遗址作为古蜀文明的顶级身份、作为国家形态的顶级身份。

金沙金面具长刀眉大立眼

三星堆戴面具的青铜人大立眼

043

金沙遗址示意图

金沙遗址挖掘现场

金沙遗址是古蜀国国都吗

通过多年的挖掘，考古专家们探明了金沙遗址的分布，大约有5平方千米，已发现的重要遗迹有大型建筑基址、祭祀区、一般居住址、大型墓地等。金沙遗址所清理出来的珍贵文物多达几万件，包括金器200多件、铜器1600多件、玉器2300多件、石器1500多件、漆木器10多件，还有数以万计的陶片、数以吨计的象牙以及数以千计的野猪獠牙和鹿角，堪称世界范围内

出土的金器　　　　出土的石璧

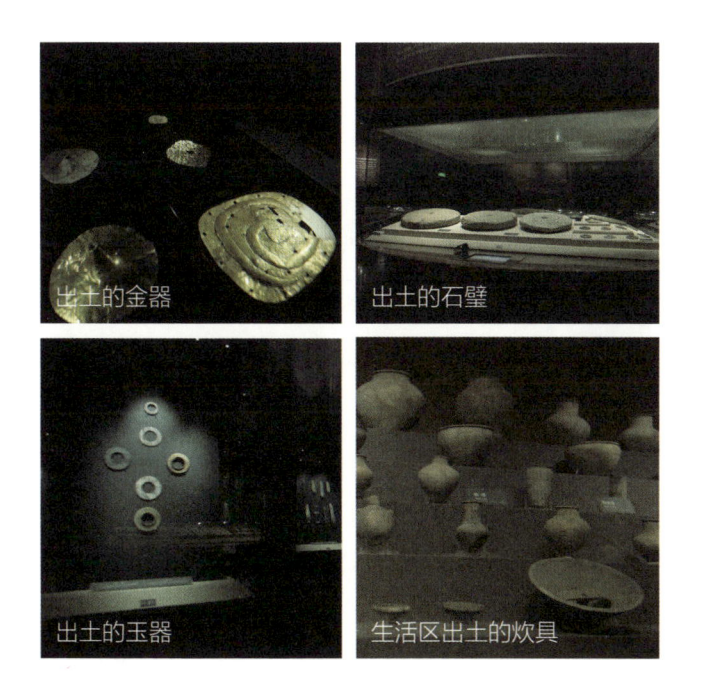

出土的玉器　　　　生活区出土的炊具

出土金器、玉器最丰富，象牙最密集的遗址。

因此，金沙遗址被认为是21世纪中国第一个最为重大的考古发现，被评为"2001年全国十大考古新发现"之一。

经过碳-14的分析，以及对金沙遗址出土文物的综合研究，考古人员基本可以认定，金沙遗址主体文化遗存的时代约为商代晚期至西周时期。

金沙遗址极有可能是三星堆文明衰落后在成都平原兴起的又一个政治、经济、文化中心，是古蜀国的都邑所在，也是中国先秦时期最重要的遗址之一。

四川盆地被群山包围

神秘古蜀国即将揭开面纱

传说，统治成都平原的是一个神秘的古国——古蜀国。

它是望丛祠老者口中吟唱着的一位远古时代古蜀国的国王——杜宇，这位国王去世后变成了杜鹃鸟，每年春天就催促人们开始农耕；

它是李白《蜀道难》开篇中的诗句："蚕丛及鱼凫，开国何茫然！尔来四万八千岁，不与秦塞通人烟。"寥寥数十个字，道出的那个神秘之地。

这个古国最强大的时候，北方控制着汉中，与秦国争雄；南方占领了凉山和云南北部；东部称霸川东，与楚国、巴国抗衡；往西，进入青藏高原的边缘。

四川古称"蜀"，蜀字本意是指蛾蝶类的幼虫，从汉字演变可以发现，虽然蜀在甲骨文、金文、小篆中的字形有所变化，但是其头部和侧面还是采用的象形手法表达的。不过有关古蜀国是否存在，人们在先秦文献中一直没有找到详细记载；直到东晋时期，《华阳国志·蜀志》中才记载了关于蜀国的传说和历史。

据悉，古蜀国最早的先王是蚕丛、柏灌、鱼凫，而后是望帝杜宇、鳖灵，或说是蒲泽，其后是开明，远古蜀国由此空前繁盛。

蜀山部族最初生活在岷江上游的石室中，后来他们在黄帝元妃嫘祖的教导下学会了养蚕、缫丝、织绸。

甲骨文	金文	小篆	隶书	楷书

为了更好地养蚕缫丝，他们的后代蚕丛氏率领部族浩浩荡荡地搬到了地势开阔的成都平原生活。据说蚕丛氏的眼睛很大，且向前突起，所以也被称为"纵目人"。

关于新一代蜀王柏灌氏，有不同的说法，不过人们大都认为他们以鹳鸡为图腾，崇尚自由自在飞翔的鸟儿。考古专家推测，三星堆出土的青铜器、玉石器上有鹳鸟的模样，就源于柏灌氏的神鸟崇拜。

而以渔猎为主，兼种高地农作物的鱼凫部族，在征服了蚕丛氏、柏灌氏后，初步统一了成都平原，并最终建立起强大的古蜀王国——鱼凫王朝。

需要说明的是，蚕丛、柏护、鱼凫，不是单个蜀王的名字，而是一代蜀王的共名。据《蜀王本纪》记载："蜀王之先名蚕丛，后代曰柏灌，后者名鱼凫。此三代各数百岁，皆神化不死，其民亦颇随王化去。"即以蚕丛、柏灌、鱼凫为名号的时代各持续过几百年。

史料记载，古蜀国甚至参与了中国历史上有名的周王朝讨伐商王朝的战争，

青铜纵目面具

· 惊世 ·

三星堆青铜鸟

在王朝更替的武王伐纣中,古蜀部族是姜太公旗下最有战斗力的部队之一。

但是在一百多年前,这个古国似乎还只存在于遥远的传说和人们讲述的故事当中,随着三星堆、金沙遗址的发现,这些故事和传说才变得触手可及。

金沙迷雾

考古学家在三星堆约 12 平方千米的遗址中，已经找到距今 3000 多年的古蜀文明，其中许多重要文物，都印证着一个上古时期的神秘国度——古蜀国的真实性，且它是中国夏商时期的文化中心之一。

神秘的面具、高高的祭坛，代表无上权力的权杖埋藏了几千年后终究被发现。这些精美而诡谲的文物记录着三四千年前不为人知的故事。

那么，金沙遗址和那个传说中的古蜀国，究竟有着什么关系？它和三星堆文明为什么如此相似呢？3000 多年前的古蜀国何去何从？考古界的种种疑团又能否解开呢？

金沙遗址祭祀区

祭祀场景——神秘面具

·惊世·

金冠带

考古人员在清理象牙

知识链接：开明复活

  相传，楚国有个叫鳖灵的人，一天不小心失足落水被淹死了。神奇的是，他的尸首不是顺流而下，而是逆流而上，一直到了蜀国。更为神奇的是，刚被打捞起来，他就复活了。

  望帝杜宇听说了这件怪事，就把鳖灵叫来相见，两人谈得很投机。望帝觉得鳖灵胆识过人还十分聪慧，而且很懂水性，便任命他做了蜀国的丞相。

  当时的成都平原，经常水患不断，人民沉浸在水潦里痛苦不堪。鳖灵带领人民把玉垒山凿开，洪水顺江而下。水患由此解除，人民得以安居乐业，望帝因鳖灵治水有功，自愿将帝位禅让给他。

  鳖灵接位后，号称丛帝，又称开明帝，此后他的儿子继承帝位，也都称开明帝。

金沙青铜立人

溯源

在 21 世纪第一年开年,突然面世的金沙遗址,因其出土器物的王者级别以及与三星堆遗址出土器物诸多奇妙而惊人的相似,引爆了人们的好奇心:

金沙遗址与三星堆到底有着怎样的渊源?数千年前的古蜀大地上,发生了哪些让人意想不到的故事?

三星堆博物馆

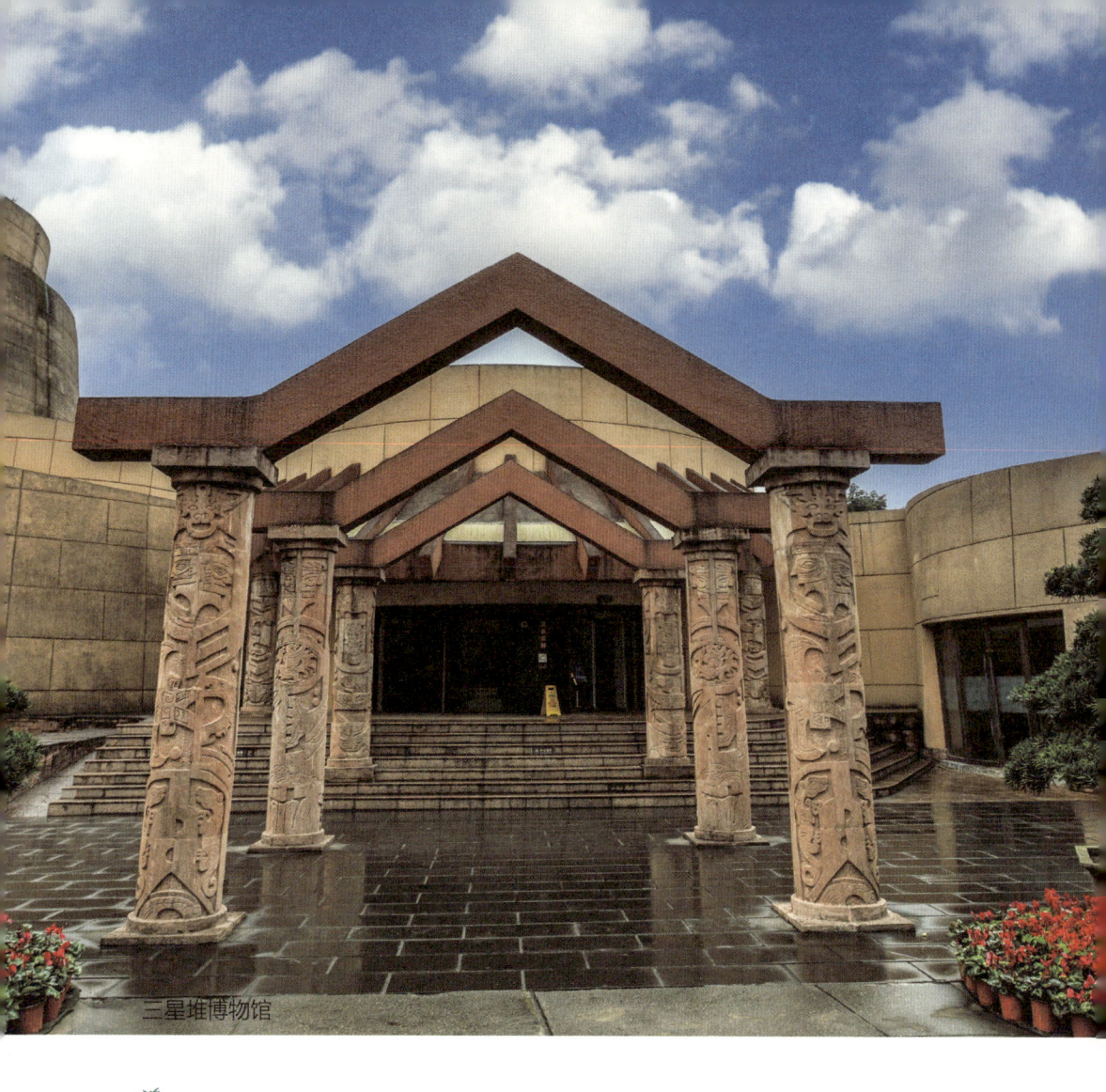

三星堆和古蜀国谜团

四川省广汉市，位于川西平原的腹心地带。相传，玉皇大帝从天上撒下三把泥土，落在广汉江边形成了大平原上的三座黄土堆，像是一条直线上的三颗星，三星堆因此而得名。鸭子河由西向东流过，河的南岸就是三星堆遗址。

从1986年考古专家发现三星堆两个大型祭祀坑开始至今，这里已有4000多件文物先后被发掘出来。其中，青铜面具、

·溯源·

青铜神树，都是独一无二的旷世神品。巨大的眼睛、巨大的耳朵，仿佛传说中的"千里眼"和"顺风耳"，这些青铜人像造型夸张、特立独行，显然它们的出土，让古蜀国变得鲜活起来。

是的，在这12平方千米的遗址上，考古学家找到了距今5000—3000年的古蜀国文明实证。

学界一致认同：三星堆应该是距今5000—3000年夏商时期的一个文化中心，是迄今在西南地区发现的范围最大、延续时间最长、文化内涵最丰富的古蜀文化遗址。这也验证了古代文献中对古蜀国记载的真实性——三星堆遗址蕴藏着无比辉煌的古蜀文明。

千里眼和顺风耳

055

金沙迷雾

金沙与三星堆的神秘关联

人们对蜀国的认知，大都来自三国时刘备建立的蜀汉国，不过，古蜀国比蜀汉国要早得多。

但让学界专家们头疼不已的是，典籍中关于古蜀国并没有多少记载。尤其，随着三星堆两个祭祀坑的掩埋，以及众多国宝重器被毁导致线索消失，人们普遍感觉：持续了1500多年的古蜀国文明，好像突然在某一天凭空消失了；且没有任何线索可以解释当年发生了什么，这些古蜀人又去了哪里。

金沙青铜立人

青铜立人

2001年，金沙遗址的考古发掘正在有条不紊地进行着。突然，一件青铜器露出了真容。

经过清理发现，这件青铜立人身躯修长，神情肃穆。青铜立人头上是一顶环形帽圈，十三道弧形装饰如同太阳的光芒。这件造型极具三维空间感的器物，虽然被掩埋数千年，仍隐隐散发着神秘的气息。只见它，脸部瘦削，眉弓突起，颧骨高凸，橄榄形大眼圆睁，耳垂下有穿孔。双手作握状，置于胸前，指尖相扣，双拳中空，腹部腰带上斜插权杖。

青铜立人太阳形冠

金沙迷雾

这个形象大家并不陌生，它与三星堆出土的大型青铜立人极为相似——双手作握状，置于胸前，指尖相扣，双拳中空。

莫非在 3000 多年前，两地或两地器物之间有着某种隐秘而特殊的关联？

这个推测让考古专家们激动不已：古蜀国的历史再一次衔接上了！那么，金沙极有可能与三星堆同根同脉、前后相继；甚至，金沙很可能是古蜀人继三星堆之后，在成都平原腹心地带建立的又一个政治、经济、文化和宗教中心。

只是，两者的起始时间存在约 2000 年的神秘时间差，是否还能找到更多证据验证两者之间的关联呢？

青铜立人像

三星堆青铜大立人，是同时期体量最大的青铜人物雕像。人像头戴高冠，身穿窄袖与半臂式套装共三件，衣上纹饰繁复瑰丽，以龙纹为主，辅配鸟纹、虫纹和目纹等。其双手手型环握中空，两臂略呈环抱状构势于胸前。脚戴足镯，赤足站立于方形怪兽座上。整体形象典雅庄重，似乎表现的是一个具有通天异禀、神威赫赫的大人物正在作法。

三星堆青铜大立人

金冠带上的人面和鱼纹 　　　　　　　　金冠带上的鱼和鸟纹

射鱼纹

2001年3月4日，考古人员在金沙遗址发现了一件金器。就是这个外径20.4厘米、高2.83厘米、厚0.03厘米的金冠带。

考古专家注意到，金冠带的表面刻有一些图案——分别是鱼、鸟、人头和箭的组合。这组图案，竟然也与三星堆出土的黄金权杖上的纹饰惊人的相似。

三星堆出土的众多文物中有这样一根金杖，全长1.43米、直径2.3厘米，重463克。金杖是用金条锤打成金皮后包卷在

木杖上做成的。出土时，木杖已炭化，仅存金皮，金皮内还残留有炭化的木渣。

考古人员在三星堆金杖一端发现长约46厘米的一段图案，錾刻在金箔上的图案共分三组：靠近端头的一组，合拢看为两个前后对称，头戴五齿巫冠，耳饰三角形耳坠的人头像，笑容可掬。另外两组图案相同，其上下方皆是两背相对的鸟与鱼，在鸟的颈部和鱼的头部叠压着一支箭状物。

专家们将这种鱼、鸟、人头和箭的组合称为"射鱼纹"。

金沙距离三星堆遗址大约40千米，两者出土的金杖和金冠带竟然錾刻着相同的"射鱼纹"图案。这种相似是巧合还是必然呢？这图案究竟表现的是什么内容呢？

目前学术界有观点认为射鱼纹表现的是分别以鱼和鸟为祖神标志的两个部族联盟而形成了鱼凫王朝；图案中的"鱼""鸟"就是鱼凫王朝的徽号、标志。

三星堆戴金面罩青铜人头像

戴金面罩青铜人头像

　　戴金面罩青铜人头像，出土于三星堆遗址。铜人头像为平顶，头发向后梳理，发辫垂于脑后，发辫上端用宽带套束，具有浓郁的地方民族发式风格。金面罩用金皮捶拓而成，大小、造型和铜头像面部特征相同，眼眉部镂空，制作颇为精致，给人以权威与神圣之感。

· 溯源 ·

金面具

金沙遗址还出土了一件长 20.5 厘米、高 10.7 厘米、厚 0.08 厘米的金面具，它长刀形眉凸起，大立眼，三角形鼻高挺，阔嘴，长方形耳朵，显得十分威严。

面具，作为一种文化现象，在世界不同地区不同时代都曾出现过，通常，它们都与礼仪、祭祀、丧葬等密切相关。但是，以黄金制成的面具在世界范围内都极其罕见，其中最著名的当数埃及图坦卡蒙法老的黄金面具。

而金沙遗址出土的黄金面具，与三星堆祭祀坑出土的 4 个戴金面罩的青铜人头像，从造型风格上一脉相通，且它们是中华文明发现中最早的黄金面具。

专家认为，三星堆青铜人头像上包贴着的金面罩和金沙遗址黄金面具，与古蜀人的宗教习俗密切关系，说明当时的古蜀人已视黄金为尊。同时，给铜人头像特别加饰金面罩也表明了其象征特别高贵、权威的身份。

金沙黄金面具侧面

金沙黄金面具正面

063

金沙和三星堆一脉相承

金冠带与金杖同款射鱼纹纹饰，以及金面具与青铜人像的金面罩相似，这些逐一出现的线索似乎都暗示着，金沙与三星堆之间有着某种渊源。

那么，金沙遗址的出现，能否解开三星堆悄然消失的谜团呢？

于是，考古人员再次把目光集中在青铜立人身上，试图寻找出其中的蛛丝马迹。

金沙出土的青铜立人，通高19.6厘米，其中人像高14.6厘米，头戴环形帽圈，十三道弧形像是太阳的光芒；而三星堆出土的青铜大立人像通高约2.6米，立人高1.8米，头戴高冠。

从外观看，它们都被塑造成为高高站立的人物，脸形类似，神情庄严，双手聚于胸前；它们有着相同的手势，这种手势在全国其他非古蜀文化的地方基本上没有发现；它们手中都应当持握着从双手间穿插而过的器物，性质上也是比较一致的。

·溯源·

　　这种相似性反映了两个遗址共同的原始宗教信仰或类似的宗教仪式规范，专家推测，金沙和三星堆两者是一脉相承的。由于两者有着高度相似的器物群和埋藏方式，以及在宗教信仰、城址布局及时间上的延续性，考古学界一致认为，金沙文化直接秉承了三星堆文化的精髓，并在此基础上进一步发展精进。

三星堆青铜大立人

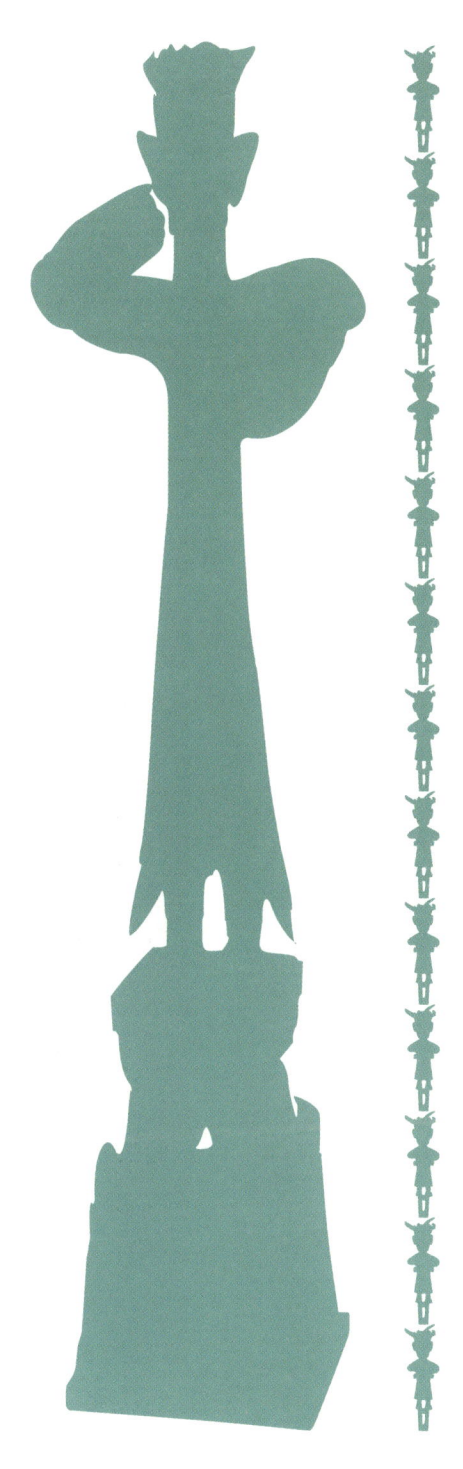

三星堆青铜大立人是金沙立人的13倍

065

由于三星堆遗址早于金沙遗址的年代，考古专家推测，金沙小铜立人像是沿袭三星堆大铜立人像风格铸造的，而青铜立人很可能就是当时的蜀王或者大巫师的形象代表。

青铜立人中空的双手究竟握着何物？抑或是什么也没握，这仅仅是一种仪式状态而已？目前这还是一个谜题，等待考古专家们去揭晓答案。

金沙青铜立人

金沙青铜立人是梳辫子的

三星堆青铜大立人

金沙就是古蜀国都城

据推测，古蜀国在当时很可能实行的是政教合一的制度，最高统治者也掌握着至高无上的神权。

但是，金沙遗址出土的文物，跟三星堆相比都有一个很明显的变化——体积由大型变为小型，这是巧合吗？

北京大学教授孙华，同时也是研究巴蜀文化的专家，他注意到一个很重要的细节：

金沙和三星堆青铜立人的姿势是相同的，都是两手举在胸前，说明他们礼仪传统和表现的艺术形式是相同的。但两者又不完全相同，三星堆的青铜立人是梳发髻的，即把头发别在脑后，用一根发簪别起来；而金沙遗址的青铜立人是梳辫子的。

发式上的区别带来新的疑问：这是艺术风格的追求，还是另有隐情呢？

三星堆青铜大立人

金沙迷雾

三星堆消失之谜

那么，当时到底发生了什么事？又是什么原因导致古蜀国将都城从广汉三星堆迁到了成都金沙呢？

据考证，古蜀国的实力曾经非常强大，三星堆遗址就是古蜀国当年的都城。但是，考古学者却发现，三星堆遗址中大量国宝重器有着被毁、随之被匆匆掩埋的痕迹，当时到底发生了什么？似乎，一场突如其来的灾难曾经席卷过这里。

有专家推测是洪水所致。三星堆北边是鸭子河，横穿遗址的是马牧河，历史上在蜀地也有很多关于洪水的传说，且三星堆确实发现有洪水淹过的痕迹。

被掩埋的国宝

被大量掩埋的国宝

　　从金沙遗址出土的几万件珍贵文物和发现的大型建筑基础来看，考古学者推定，金沙很可能也是古蜀国的都城。为什么这样说？

　　据文献记载，国城曰"都"。

　　如何判断一座城市是不是国都呢？标志就是，这座城里有没有先君的宗庙，有宗庙则是"都"，没有宗庙就是"邑"。

　　考古专家在金沙遗址不仅发现有很多大型的建筑基础，另外还发现有相当多的祭祀地。

　　这些大型的祭祀遗迹，应该就是宗庙所在。考古专家由此判断，金沙也是古蜀国的都城。

069

三星堆祭祀遗迹

不过，目前考古证据并不充分，洪水淹没所致三星堆消失这个说法还有待进一步研究证实。

一个新的可能性出现了——战争。似乎，只有一场突然而激烈的战争，才能让这个实力强大的王国迅速在历史里消失。

但是，这会是一场什么样的战争？是外敌入侵还是内部纷争，古蜀国当时到底经历了什么？金沙遗址的出现，能否让这段不同寻常的历史真相大白呢？

带着这些疑惑，考古专家们仔细研究三星堆和金沙文物的差异，试图从中找到线索。

三星堆古蜀先民为什么要将如此数量庞大的珍贵物品掩埋起来，这是困扰考古专家们的一个大问题。祭祀并不是唯一且最合理的解释。

一个发现引起了专家们的注意：人们陆续在三星堆发现8个器物埋藏坑，而其中6个坑中的物品都是同时、有规划埋藏下去的；且这些坑内除了掩埋有神像和供奉用器外，还有红烧土、木炭渣、碎石板等建筑垃圾。

祭祀区为何会出现建筑垃圾？这些遗存是否可以说明——神庙是人为损坏的？

三星堆戴金面罩青铜人头像

梳辫子的是世俗贵族

辫子纹饰

072

古蜀国神权与王权的分立

考古专家孙华教授注意到一个新的细节：三星堆共出土了4个戴黄金面罩的铜人头像，其中有两个是梳发髻的，另两个则是拖辫子的。可见，三星堆的贵族阶层是分权的。

考古专家猜测，梳着发髻的是神权贵族，从事着与祭祀活动有关的职业；而梳着辫子的是世俗贵族，代表的是世俗的权力集团，这个集团掌握政治权利，也就是王权。

按这种猜测来看，古蜀国的政权是一分为二的，两个阶层中，一个占有所谓的神权，另一个则把王权收入囊中。

一个疑点引起了考古专家们的注意：

金沙遗址出土的青铜立人，头上有一顶太阳帽，双手举在胸前、显示出他和三星堆的祭司有着同样的身份。然而，他的头上却梳着一条辫子。

考古专家推测：金沙的统治阶级，实际上是三星堆统治阶级的一个部分，就是三星堆梳辫子的这一支，从三星堆迁移出来了，到了金沙建立了一个新王朝。

这说明：宗教权力和世俗权力在分立过程中，梳着辫子的王权贵族打败了梳着发髻的神权贵族，向南迁徙并在金沙遗址所在地建立了新的都城。

如果这个推断成立，那么，当年的那场战争也许是一场内部的夺权之战。所以有专家推测，很有可能是发生了一场重大政治变故，导致三星堆神庙被焚毁，神像以及神庙内的陈设被砸坏或烧坏。当时的人们出于某种考虑，不得不将神庙的这些物品埋藏在祭祀区附近。

郫县望丛祠

王权斗争致迁都

每年五月十五前后，郫县的望丛祠都会迎来传统的赛歌会，歌唱的对象就是传说中的古蜀国国王望帝杜宇和丛帝开明："望丛湖水波连波，望丛二帝山歌多，唱给杜宇和鳖灵……"

望丛祠是人们为纪念望帝和丛帝而建的。考古学家认为，望帝禅让帝位于丛帝的传说，在历史上可能并不是真正意义上的"禅让"，而是一个内部权力斗夺的过程，是一段血腥而残忍的历史。

成都平原沃野千里

也有一些考古学家认为，金沙遗址的出现，很可能就是从望帝开始的。三星堆是鱼凫王的都城，而杜宇推翻了鱼凫王，然后建都于成都金沙。

不管是望帝与鱼凫王的战争，还是梳着发髻与拖着辫子两种贵族势力的斗争，全都淹没在了历史长河里。真相究竟如何，还需考古工作者在未来不断探索和验证了。

可以确定的是，三星堆文明并没有随着庞大的珍贵器物被掩埋毁坏而突然消亡或彻底灭绝，而是重心迁移了。古蜀王国

· 溯源 ·

的经济文化中心、政治中心悄然从广汉迁徙到了成都平原的腹心地带，以另一个国家形态的方式出现、发展着。

考古专家推测，古蜀国君之所以会选择迁移到成都，跟当时的治水技术提升有很大关系，正是解决了水患，成都平原才彻底变成了沃野千里的天府之国。

或许，正是由于宗教权力和世俗权力的分立，梳着辫子的王权贵族脱离了梳着发髻的神权贵族，之后向南迁徙并建立了新的城市，也就是金沙遗址的所在地。而神权贵族统治下的三星堆却迅速消亡了。

趣味故事：望帝禅位的传说

关于望帝和丛帝，民间流传这样一个故事：

相传，望帝杜宇时期，人们最早居住在岷江上游，后来迁徙到了成都平原发展农业，建立了强大的杜宇王朝。

然而，望帝晚年时期，四川盆地经常洪水泛滥，巴蜀人民终年挣扎在避水逃难中。杜宇带领人们筑堤开堰，依旧不能平息灾难。

后来，楚地一个叫鳖灵的人沿着长江逆流而上到了成都平原，他胸怀大志，才略出众。杜宇高兴地任命他为蜀相，让他来治理水患。

鳖灵用疏导水流的办法成功治水，解决了成都平原的水患问题，并在民众中建立了很高的威望。望帝杜宇主动把君主之位禅让给了鳖灵，于是留下了这么一个历史佳话。

传说望帝禅让于丛帝之后，魂归西山，然而他的魂魄不忍离开蜀地人民，于是魂化成杜鹃鸟，每到春天就在田野里不停鸣叫："快快播谷，快快播谷！"提醒人们不误农时。

因杜鹃鸟的口腔上皮和舌部都是红色的，古时候的人们误以为它是啼得满嘴流血所致。

且杜鹃啼叫的时候，正是杜鹃花盛开之际，所以又有了杜鹃花的颜色是杜鹃鸟啼血染成之说。唐代诗人李商隐就曾把杜鹃啼血的传说写进了诗里——"庄生晓梦迷蝴蝶，望帝春心托杜鹃。"

·溯源·

青铜鸟

金沙迷雾

·溯源·

幸而，古蜀国并没有消失，它随着悄然迁徙到成都平原心腹地带的金沙文明，继续发展着。

也正因三星堆与金沙之间的渊源始终如一，金沙遗址出土的青铜立人、金面具、金冠带与三星堆的文物之间才有着种种相似之处。而金沙遗址的发现，也让三星堆悄然消失的谜团得以解开。

而在经历了几千年浩瀚的古蜀文明发展历程之后，考古专家们也找到了两个属于国家形态的体系——三星堆遗址和金沙遗址，通过它们之间的渊源和传承，人们对古蜀文明的认知变得更加丰满而立体起来。

金沙遗址，曾是古蜀国政治、经济、文化和宗教的中心，如今这些在展厅里陈列的精美文物，它们见证了3000多年前的那段历史，它们与三星堆遥遥相望又密切相连，每天都在迎接来自各地的观众，默默讲述3000年前的恢宏历史，深刻而久远。

金沙遗址

金面具

081

太阳神鸟金箔

金声

　　从 2009 年起，每年年初，金沙遗址博物馆都会举行国内第一个以太阳为主题的文化活动——成都金沙太阳节。

　　在为期 20 天的活动中，博物馆都会以神秘的金沙文化为内涵，结合古蜀国先民对太阳的崇拜，为世人呈现一场独具特色的"文化盛宴"。

金沙迷雾

祭祀表演排练中

一场金箔相关的祭祀演出

2016年2月1日，金沙遗址博物馆，距离正式演出只有十天，作为金沙太阳节演艺组总导演的李凯最近忙得焦头烂额，因为他的大型演出已经迫在眉睫。

每年，金沙遗址博物馆都要筹备举办隆重的太阳节系列活动，这是成都春节期间的三大惠民活动之一。而李凯导演的祭祀演出就是今年太阳节的重头戏。

为了在形式上有所突破，他几乎绞尽脑汁。李凯导演跟演员们一遍遍打磨舞蹈细节，把每一次排练都当成正式演出一样认真对待，就是为了给观众还原一个真实的金沙祭祀活动。

这次祭祀表演与以往不同。李凯导演这样介绍说：因为以往的祭祀，舞蹈演员是在原生态的环境下去表演，但这次的祭祀是放在主舞台上，希望通过现代舞美效果，可以更具体地展现出祭祀活动的美感来。

在此之前，李凯有十一年做舞蹈演员的经历，然而担纲做导演还是全新的挑战。除了祭祀的改编，还有十多个原创的节目在同步进行，能否在有限的时间内，用令人信服的方式编排出完美的祭祀，这一刻李凯感到压力空前。

排练厅不远处就是金沙遗址，商代晚期至西周中期金沙最为繁盛，考古专家推测，这个区域当时很可能就是古蜀国的都城所在地。

🌀 200多件金器出土

  原金沙遗址博物馆考古部主任张擎，在这里经历了人生中重要的时刻，也参加了金沙遗址的发掘全过程，说到金沙遗址的发现，他这样介绍：金沙遗址最开始被发现，是在一个住宅工地的施工现场，挖土机正在挖沟，一铲子下去却挖出白花花的一片，后来才知道是象牙，还挖出一个文物特别特别多的地方。

  考古人员最开始怀疑，这里可能是墓坑，可能有一个大型的墓葬。

  2007年2月12日下午，金沙遗址8号遗迹坑，考古发掘进行到第四层，考古人员对器物小心翼翼地清理。忽然，考古人员被脚下一件器物吸引了注意力，它由黄金打造，镂空图案精致而完整。

  考古专家一点一点地把它展开以后，才发现这是一件精美无比的金面具。经过考古人员5天的修复，轰动一时的黄金面具展现在众人面前。金面具的出现，给这个墓葬带来更多的谜团。

  接下来的发现更加令考古人员吃惊，共有200多件金器在金沙出土，工艺精湛、极尽尊贵。这么多的黄金，它的原材料究竟从哪里来？工艺如何实现？

这里究竟是一个什么性质的遗址？是王族墓葬？还是国家祭祀区？在3000多年前，什么人才能拥有如此高等级的宝藏？如果是大型墓葬，这位身份显赫的墓主人又会是谁？神秘的古蜀国国王是否能够就此浮出水面呢？

金面具

金沙迷雾

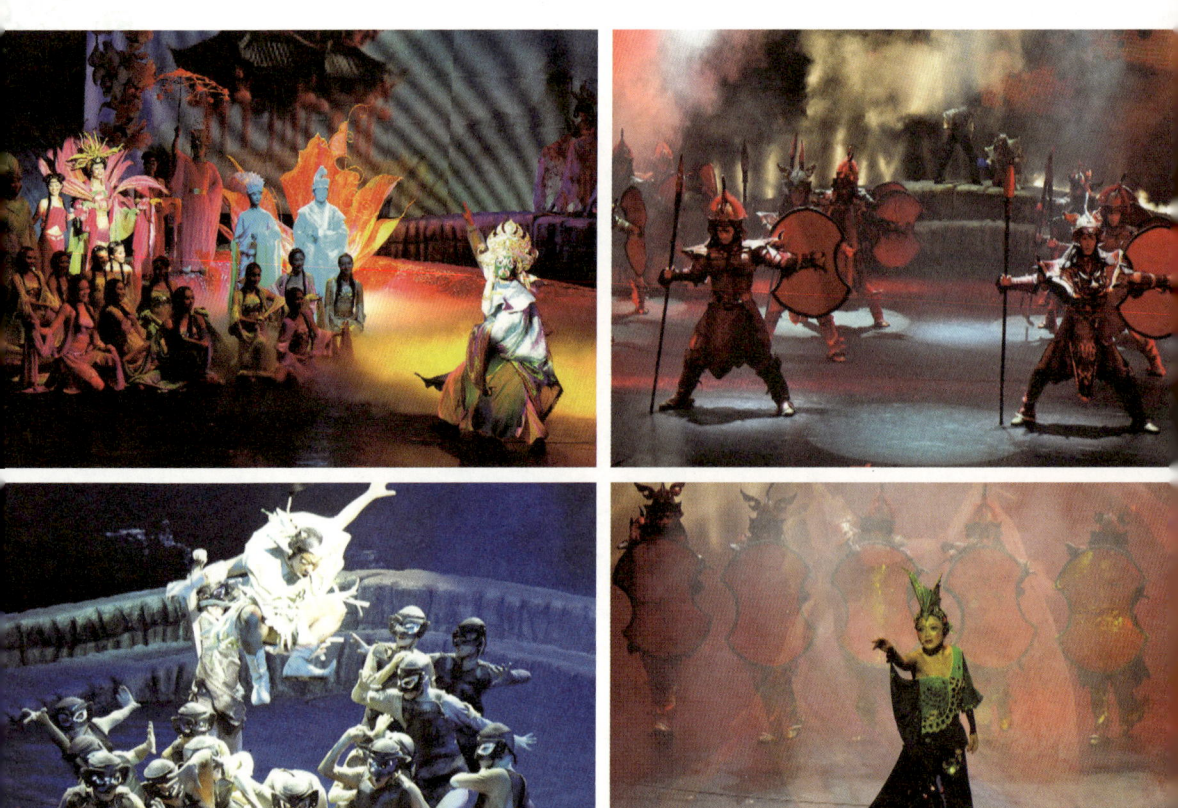

金沙音乐剧

◎演出核心道具
——太阳神鸟

  2016 年是李凯来到金沙遗址博物馆工作的第三年。在此之前，他曾经在深圳做舞蹈演员，有着 5000 多场的演出经验。后来，由于意外受伤只能中断当时的工作来到成都，没想到一部金沙音乐剧改变了他的人生轨迹。

第一次看金沙音乐剧，他就被各个主演的精彩表现和金沙音乐剧的音乐，以及金沙遗址的文化元素深深吸引。后来，机缘巧合之下，李凯赶上金沙音乐剧的改编和创作，也因此正式加入了金沙音乐剧团队。

身体康复后，李凯从头到尾参与了整个金沙音乐剧的排练和演出，并作为剧里舞蹈呈现部分的男主角，一跳就是两年。

2016年的这次金沙太阳节演出，他更是成为这次祭祀演出的导演。正式开始前，李凯经常是白天彩排，晚上还需要回工作室跟几位主创逐一核实演出的细节，从祭文、走位到最后正式的祭祀仪式，都要跟视频、音乐完完全全地吻合到一起去才行。

值得注意的是，这次祭祀演出的核心道具，金箔是作为最核心的舞美元素出现的。每次金箔一出现，天就放晴了，寓意着美好、幸福日子的到来，这也意味着整场演出到了某个重要节点。

金沙迷雾

太阳神鸟金箔

这次演出的金箔原型，正是金沙遗址出土的一件文物——太阳神鸟金箔。

这件金箔仅仅重20克，中间是一个镂空的太阳，发出12道火焰，它的外层是四只鸟首足相接，围绕着旋转的太阳飞翔，周而复始，循环往复，生生不息。

看到这样一件与众不同又充满动感的金器，人们不会觉得它是从3000多年前来的，反而觉得它就是当今艺术家的创造。它充满时代感，同时又有着剪纸的风格和意趣，看到它永远不会觉得过时。

在金沙遗址出土的众多珍宝中，这件含金量高达94.2%、厚度仅0.02厘米，如纸片般轻薄的太阳神鸟金饰，无疑是最耀眼的一件。它以"四鸟绕日"讲述着古蜀先民虔诚的太阳崇拜，也以精工巧艺见证着中国古代黄金工艺的辉煌成就。

如此巧夺天工的太阳神鸟金箔，毫无疑义地成为金沙遗址最具代表性的文物。2005年8月，太阳神鸟金饰图案更是从1600余件候选文物图案中脱颖而出，成为中国文化遗产标志。同年10月，绣在蜀绣上的"太阳神鸟"图案，随"神州"6号飞船一起在太空遨游，俯瞰华夏大地。这是中华民族千年飞天梦的实现，意义非凡。

天工开物载"金多出西南"

圆形金器

叶形金器

古蜀国缘何盛产金器

3000多年前,"金"并不是指"黄金",往往是指"青铜"。后来,人们为了与青铜区别开来,才为这种金光闪闪、很耀眼的物质创造了一个名称——黄金。

不过在3000年前,黄金来源是很有限的。考古专家推测,当时黄金使用量最大的地区,就在今天的四川,也就是古蜀国的范围之内。

人们从出土的金器发现,3000年前蜀人的金器制作工艺已经十分高超了。

以3000多年前的生产水平,制作这些金器必定是一件极为浩大的工程。但让考古专家疑惑的是,为什么在远离中原的四川,人们会使用如此众多的金器?黄金又是从何而来?

《天工开物》中记载:"金多出西南。"《山海经》也提到,四川西北部产黄金。这似乎意味着,古蜀国很可能是中国最早开采和使用黄金的地区之一。

对此,考古专家、金沙博物馆馆长朱章义指出,四川地区在3000多年前是不是真的找到了所谓的金矿,目前来讲还没有一个确切的证据。

沙金

但是从现有发现出土的金器，考古专家通过金相分析来判断，这些金器绝大部分是沙金，也就是说，这些黄金是人们从河床里边淘出来的。

那么，如此众多的金器，真的如人们所猜测的那样，是某位王族的墓葬殉葬品吗？

虽然在金沙遗址，考古人员发现了大型柱础的痕迹，但随着考古发掘的逐渐深入，考古专家很快排除了这里有大型宫殿建筑基址的可能性，也排除了金沙遗址是大型墓葬或窖藏的可能，那么就剩下最后一种可能性了，那就是金沙遗址器物与祭祀活动有关。

金沙祭祀遗迹

柱 洞
Post Hole

金沙祭祀遗迹——柱洞

紧锣密鼓的演出准备

虽然在太阳节活动上，李凯坚持把太阳神鸟金箔作为祭祀演出的核心道具，但是怎样把它跟舞蹈更自然地融合在一起，就成为这次编排的最大难题。

从构思方案到进行全部彩排，时间不足一个月，整场演出还有其他十几个节目需要排练。尽管大家都是专业的舞蹈演员，但太过紧张的排练时间，仍然让舞蹈者们颇为不安。

舞蹈演员们需要不断去抠动作细节，包括手的造型，不同定点的动作，转的方向、角度和力度等，都需要不断去完善，再就是大家的配合与衔接。

彩排在紧锣密鼓地进行着。

考虑到金沙太阳节祭祀的演出会有很多外地游客观看，而很多观众对金箔的来源不是十分了解，李凯导演从全盘去设计，整场祭祀演出中金箔怎么出场、怎么承上启下、怎么转折，以及要怎么去表达，怎么去引出整个祭祀活动，这都是非常困难的。

祭祀到尾声也就是高潮部分，是女主角为了保护部落化身为太阳神鸟。这段女主角最终化身金箔的段落怎么去呈现，也让李凯头疼不已。

除此之外，演出舞台也要在最短的时间内搭建完成，灯光也需要逐一调试，这些工作，李凯全都是在深夜进行的。

排练的间隙，李凯会来到展厅看看那些神秘而灵动的金器，试图感受其中隐藏的古老讯息，当然，展厅的氛围也能给他的创作带来一些灵感。

演出道具——太阳神鸟

演出道具——太阳神鸟金箔

女主角

金面铜人头像

金器祭祀与权力象征

"国之大事,在祀与戎。"可想而知,在3000多年前的古蜀国,祭祀是一项非常重要的活动。考古专家推断,金沙遗址中这片大概1.5万平方米的区域,就是当时最重要的祭祀区。

四川师范大学巴蜀文化研究专家段渝教授注意到,在两河流域、印度、中东、近东,都有制作青铜头像、黄金面罩和黄金杖的传统,他做了一个颇为大胆的推测,金沙是不是吸收了近东文明的一些因素呢?

这样的推测需要时间去论证。

不过,有一点显而易见,金沙文化与同时期的中原文化,有着截然不同的样式。

在与金沙同源的三星堆遗址中曾经出土过一系列青铜立人,其中一些青铜人像就戴着金面具。这让考古学者纷纷猜测,金沙出土的黄金面具,很可能也是这样来使用的。

也由此,考古专家推断古蜀国的金器和中原金器是不同的。

商文化是以青铜器作为最高的战略物资，商人不太喜欢金器，商文化范围内发现的金器也很少；哪怕是在中原地区发现少量金器，也是作为人体装饰用的，只代表一种装饰品，没有任何意识形态在里边。

但考古专家在三星堆和金沙遗址发现的金器就不同了，它不是人体装饰品，而是作为权力的象征出现的，它代表了一种意识形态。

就拿金沙出土的黄金面具来说，它严格来说不是罩在真人的脸上的，而是罩在诸如铜、木这样的器物上，它起的作用是装饰、装点的功能，就跟现在的人们给神像饰金一样。

面具和祭祀有这样一种关联，就是通过佩戴面具，人们想要达到另外一种境界，表示个体达到了另外一个层次——提高了力量或者是被神化了，这是一个方面；另一个方面，个体戴上面具后，就代表着能与神灵进行沟通。

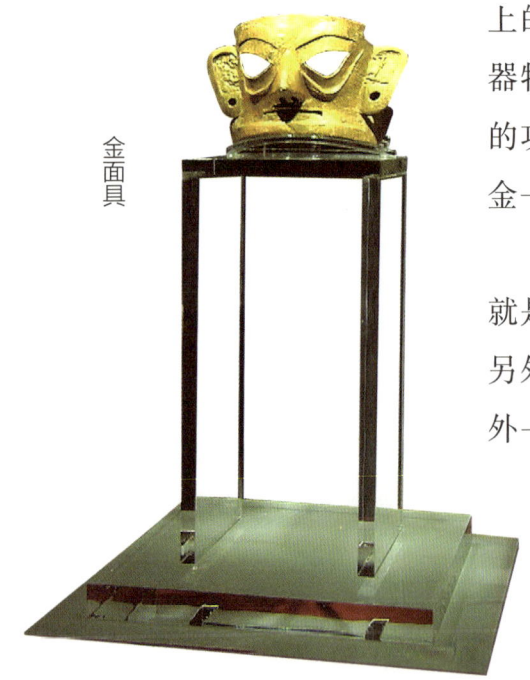

金面具

·金声·

金面具　这件金面具十分威严　戴金面具的青铜人头像

也就是说，在祭祀场所出现的黄金制品，代表着当时的人们对神灵的崇拜，自然，这个黄金制品也就意味着至高无上的权利。

因此，考古专家推断，这件金面具的主人，必定属于3000多年前一位非同凡响的人物。他，也许是一位最高等级的祭司，也许是一国之君。

金沙迷雾

金乌与日崇拜

整场祭祀演出，难度最大的地方在于，有限的时间里把剧情最大限度地传递给观众，李凯在剧情里特意设置了一个很重要的角色——大法师。

大法师就是在祭祀的时候与神最近的人，他主要表现的是一种领导力，就是号令部落的群众来完成整个祭祀仪式。

李凯为这个角色设计了很多动作，来增加大法师出场的气氛，以及为了突出大法师鲜明的特性，李凯要求大法师扮演者肢体语言不必过于丰富，但亮相

大法师形象源自青铜立人

青铜立人局部

时要沉得住气，整个人必须要稳，要用整个身体来控制气场。

大法师这个形象的原型是来自一件文物，就是金沙遗址博物馆的青铜立人。

仔细观察，青铜立人戴着一顶太阳帽，上面有十三道弧线，代表太阳的光芒，此外还有一些鸟形文物。

中国古代神话传说中的神鸟金乌，也称"赤乌"，是太阳的别名。传说，三足乌居住在太阳里，形态为三足乌鸦，一共有10只。

青铜立人

金沙迷雾

金乌

这十个太阳是帝俊与羲和的儿子，它们既有人与神的特征，又是金乌的化身，是长有三足的踆乌、会飞翔的太阳神鸟。

它们住在东方大海扶桑树上，母亲羲和每天驾车将十个太阳从扶桑树上升起，给大地带来光明。

后来金乌作乱，同时十个一起上天，大地被烤焦，后羿用神箭射下来九只，天空中只剩下了一只。

据传，古蜀国最后一个王族国号为"开明"，而"开明"就意味着太阳升起、带给大地光明。似乎，古蜀国对太阳有着特别强烈的崇拜。

追溯起古蜀先民对太阳的崇拜，考古专家这样说：古蜀人最早是生活在岷江上游，也就今天的阿坝地区，那里每天都是阳光灿烂的，很少阴天，雨过马上就天晴。

而成都平原的四周则是高山环绕、雾气蒸腾，阳光非常少。在这种情况下，古代蜀国的先民们自然非常怀念他们祖先曾经生活过的地方以及阳光灿烂的日子。也就是到了三星堆、金沙这个时期，他们就特别崇拜太阳。

金沙青铜鸟

金沙太阳节

演出场景

四川盆地常年阴雨，雾气笼罩，太阳十分罕见，而农业的收成很大程度上要靠充足的阳光，这让当时的人们对太阳充满敬畏。

古蜀先民虔诚地祭祀，希望能够与神灵沟通，领受上天的旨意，传递朴素的心愿，祈求光明、丰收以及风调雨顺。

也正因如此，为了传递古蜀国对太阳独特的情感，金沙遗址博物馆把每年的春节庆典活动命名为"太阳节"。

2016年的大年初一，也是李凯27岁的生日，来成都以后，他都没有回老家过年。本该家人团聚的时间，也是他一年里最忙的时候。这个生日，他顾不上为自己庆祝，而是匆匆跟演员们一起吃了工作餐。经过二十天紧锣密鼓的排练，这场祭祀演出终于迎来了最后的检验。

晚上七点半，演出准时开始，李凯站在主控台上，心里异常紧张。对他而言，这场人生中第一次独立执导的大型晚会，意义非凡。每个演员都异常专注，神情庄严，似乎完全沉浸在这场遥远而盛大的仪式中。

随着金箔从天上缓缓降落，新年的祝福随之而来，李凯与在场的每一位观众一起，共同见证了这件文物所传递的，来自古蜀国人独有的心声。

十节玉琮

玉振

"石之美者为玉也。"从古至今，温润细腻、美轮美奂的玉石，备受人们喜爱，被认为是天地灵气的结晶。而玉器，从一出现，就成为最高规格的器物。在古蜀金沙，玉器作为重要的祭祀法器，人们用它来祷告祭祀、祈求平安、辟邪消灾，以玉通神。

从金沙出土的2000多件玉器可见，古蜀金沙玉器多是色彩斑斓的金沙软玉，古蜀人早早就掌握了成熟精湛的制玉技艺，将这些沁色龙溪玉精雕细琢成精美的器物。

疑点重重的十节玉琮

2001年2月的一天，金沙遗址在抢救性发掘中，发现了一件被称为"旷世精品"的十节青玉琮。除此之外，考古人员共发掘出土了2000多件玉器，包括玉璧、玉琮、玉璋、玉圭、玉戈等等。其中玉琮是金沙玉器当中数量较多、加工精细、形制多样的一类器物。

金沙遗址内共计发掘出土玉琮27件，但考古人员发现，这件十节青玉琮的工艺是最精美的，且无论从外形到材质，它都和其他金沙玉器有着明显的区别。

十节玉琮玉质为青玉，玉质温润，半透明，器物上大下小，整体形状为长方柱体，外方内圆，中间贯穿一孔；玉琮表面分节分槽，共分为十节，故叫"十节玉琮"。

金沙遗址出土的玉器展品

经过鉴定，它在埋入地下时，居然就已经存在了1000多年，这对当时的古蜀人来说本身也是一件老古董。

考古专家通过对这件十节玉琮的材料、造型、工艺分析断定，这件十节青玉琮应该是早于金沙遗址1000多年的长江中下游良渚文化器物，甚至可以说，它是中国目前发现的良渚玉琮里面用料最好的一件。

十节玉琮

玉璧

111

十节玉琮的身上一共刻画着40个简化人面纹,且在玉琮一面的上端线刻有一人形符号,人形头戴长长的冠饰物,整个身体仿佛在跳舞。专家猜测这是祭祀场景的再现,而这个人形符号可能正是带领氏族成员祈福的大巫师。

问题来了。这件与众不同的玉琮,是如何跨越1000多年的历史长河,经过1000多千米的遥远路途,辗转流离,停留在金沙遗址的器物里的呢?它的身上究竟有着什么秘密?

十节玉琮

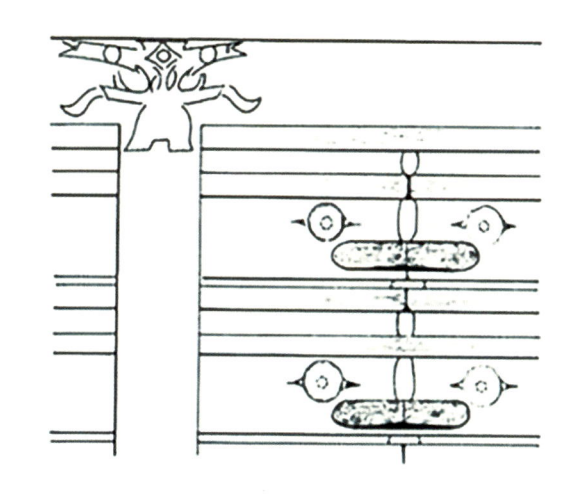

玉琮简化人面纹

玉器祭祀——以玉通神

自古以来，玉，温润如脂，在中国人的心目中是吸取天地之精髓的"石之美者"，是美好高尚的象征，是人们祈求平安、辟邪消灾的重要器物；在中国古代祭祀中，玉器是人们进行祈祷的重要道具之一。

其中，玉琮是一种方柱形玉器，中间是上下相通的圆孔，内圆（孔）外方，古人用其来表示"璧圆象天，琮方象地"，玉琮在古人眼中有"贯通天地"的含义。《周礼》记载"以苍璧礼天，以黄琮礼地"，中国古代有玉璧祭天，玉琮祭地的礼制。

金沙迷雾

经考证，我国最早的玉琮出土于安徽潜山薛家岗第三期文化，距今约5100年。到了新石器时代中晚期，玉琮在江浙一带的良渚文化、广东的石峡文化、山西的陶寺文化中都有大量出现。尤其以良渚文化的玉琮最发达，出土与传世的数量最多。

玉琮在古时到底有什么功用？专家认为大致有这样两点：

一是，统治阶级祭祀苍茫大地的礼器，也是巫师通神的法器。它与玉璧、玉圭、玉璋、玉璜、玉琥并称"六器"，是我国古代重要礼器之一。

二是，权势和财富的象征。玉琮多见于新石器时代晚期良渚、龙山等文化，及商周时代的墓葬中。往往玉琮在墓葬中出土时都伴有如下特征：墓葬规格高，规模大，随葬品较丰富；墓主人多为男性；琮常与璧伴出，一些墓中有殉葬人的现象。可见，墓主人的身份越显赫，殉葬品中的琮、璧就越多。

·玉振·

墓葬玉器代表主人身份

金沙玉器溯源

金沙遗址出土的其他玉器，色彩十分丰富，这成为金沙玉器的一个特点。

据金沙遗址博物馆专家介绍，古蜀玉器的材料种类丰富，以透闪软玉为主，表面颜色都是色彩斑斓的，金沙玉器在这一点上体现得尤为显著。

比如这件出土于金沙遗址的四节玉琮，它呈灰白色，半透明。整体呈方柱体，四面外壁中间开出竖槽，将每面一分为二，使四角形呈方形凸面。凸面开横槽分节，共有四节，每节凸面刻画九道平行直线纹，三道一组，线纹平直规整。整体来看，玉器制作规整，打磨光洁，圆润光滑，从中也能看出古蜀金沙人高超的玉器制作水平。

那么，金沙遗址的玉器，它们都产自哪里？

王方研究员决定先从玉器的材料入手，他把目光投向了距离成都平原不远的地方——彭州龙门山脉。古文献里有相关记载，龙溪产玉。

四节玉琮

· 玉振 ·

金沙玉琮

金沙迷雾

2016年1月，四川彭州，大雪覆盖了龙门山，凛冽的山风吹得人摇摇欲坠。成都金沙遗址博物馆研究员王方带领一个考察组沿着河谷往山上爬去。

龙门山地区的泥石流等地质灾害十分严重，脚下的道路危机四伏，土壤松软，一不小心就会垮塌下去。泥石流从大山深处带下来很多石块，也带出来了很多大山的信息。王方希望在这里能够破解封存了3000多年的秘密——古蜀国的玉器究竟从哪里来的？

古代，龙门曾经出产一种有名的玉矿——龙溪玉。考察组准备深入这个传说中的古代玉矿区，采集样品，调查这种龙溪玉和金沙玉器的关系。

四川省玉石的产地很多，主要是软玉。根据地质勘测，龙

溪玉的矿脉，就一直分布到了彭州的龙门山一带。龙门山位于彭州市北部，而彭州就位于靠近成都平原的四川盆地西北部边缘，全境都是山地。

　　考古专家推测，古人用玉，通常不会走得太远，而是就地取材，彭州离成都只有几十千米的路程，所以这里很可能是当时一个很重要的矿源产地。

　　考察组决定，顺着河谷向山上进行搜寻。

考察组探察龙门矿石

龙门山

绚丽多彩的金沙玉器

自从"5·12"汶川大地震之后,龙门山地区出现大量地质灾害,经过溪水冲刷的山谷,石块的材质清晰可见。很快,考察组就发现了目标——这些地震后因山体崩裂裸露在外的矿石,其外部特征跟金沙遗址的玉料有点接近。

考察组专家十分兴奋:也许这些不起眼的石头,就是打开金沙玉器来源之谜的钥匙。但是,现在下结论还为时过早,这些样品将被送到四川省珠宝玉石首饰产品质量监督检验中心进行专门的比对。

经过分析专家们发现,龙门山采集的玉料确实大有名堂。

历年来,考古专家们对金沙遗址和三星堆遗址发现的玉器

古蜀玉器颜色斑驳

玉器沁色

金沙遗址博物馆展品一瞥

做分析时发现，它的主要成分就是透闪石玉，也就是人们常说的和田玉的玉种。

通过仪器测定表明，金沙玉器的内部空隙比较大、材质非常疏松。正是这种特性，非常利于埋藏环境周围的金属离子成分吸附，这个过程中，两者发生了化学反应，于是出现了人们常说的"沁色"。

相比于其他玉器，金沙遗址玉器的沁色有着自己十分鲜明的特色：玉器内部多为白色、灰色、浅黄褐等基本无色系列，但玉器表面则大多呈现出红、紫、褐、黑等丰富而又缤纷的色泽。比如这件紫红色玉璧，它的表面有黑白色沁斑，局部有风化现象，整体看起来色彩斑斓又十分艳丽。

金沙迷雾

正如专家们所指出的那样，金沙玉主要是由于受到外来金属离子及有机物的吸附，才会在玉器表面形成这种交替变化、韵味十足、极其动人的天然图案。

考察组专家在龙门山构造带找到的众多矿点，这里的玉料都有着绚丽的颜色变化。这就意味着，金沙遗址出土的色彩绚丽的玉器，大部分是本地产品。

十节玉琮

玉琮内圆外方

十节玉琮局部

十节玉琮竟是良渚玉器

然而龙溪玉的沁色特点,考古专家在十节青玉琮上却无法看到。经过测定发现,十节青玉琮是2000多件玉器中唯一一件表里如一、质地致密的玉器。十节青玉琮的质地非常坚硬,跟金沙大部分玉器疏松、大空隙的玉材本身,就体现出明显的不同。

经过检测发现,这件造型精美、工艺先进的十节玉琮,年代居然比金沙出土的其他玉琮早了1000多年。也就是说,在金沙古蜀国时期,这件十节玉琮本身就是一件价值连城的老古董了。

那么,这件十节玉琮究竟来自何方?

顺藤摸瓜,考古专家从十节玉琮的器物特征、料工形纹去对比锁定,发现它跟良渚文化晚期玉琮的特征基本一致。

1936年,浙江省杭州城北余杭区良渚镇,发现了一处轰动世界的文化遗址,所代表的就是良渚文化。良渚文化是一支分布在中国东南地区太湖流域的新石器文化,距今5300～4300年。

金沙迷雾

　　这里出土了大量的玉器，有琮、璧、钺、镯、冠形器等，还有鸟、蛙、蝉、鳖、鱼等动物造型，也成为良渚文化遗址最大的特色。

　　良渚人制作的玉器，器类丰富、造型复杂、纹饰繁复，当仁不让地成为当时玉器制作最高水平的代言。良渚玉器，大量使用浅浮雕、透雕和阴刻等工艺琢纹刻符；良渚玉器的颜色，很大部分为湖绿色和青绿色。这些特点，和十节玉琮完全吻合。

　　如果确定金沙发现的十节玉琮来自良渚文化，那么在长江中下游流域的良渚玉琮，怎么会出现在几千千米远的成都平原呢？它又怎么从4000多年前跨越上千年，在3000多年前才埋到金沙的？这里面蕴藏着怎样的故事？

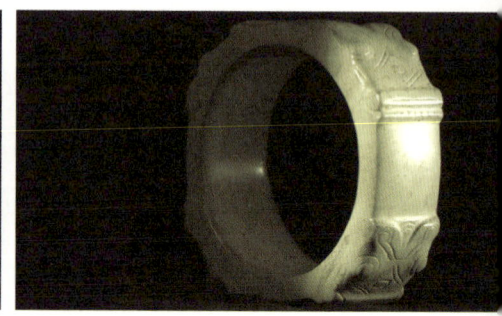

良渚玉器

良渚国家考古遗址公园

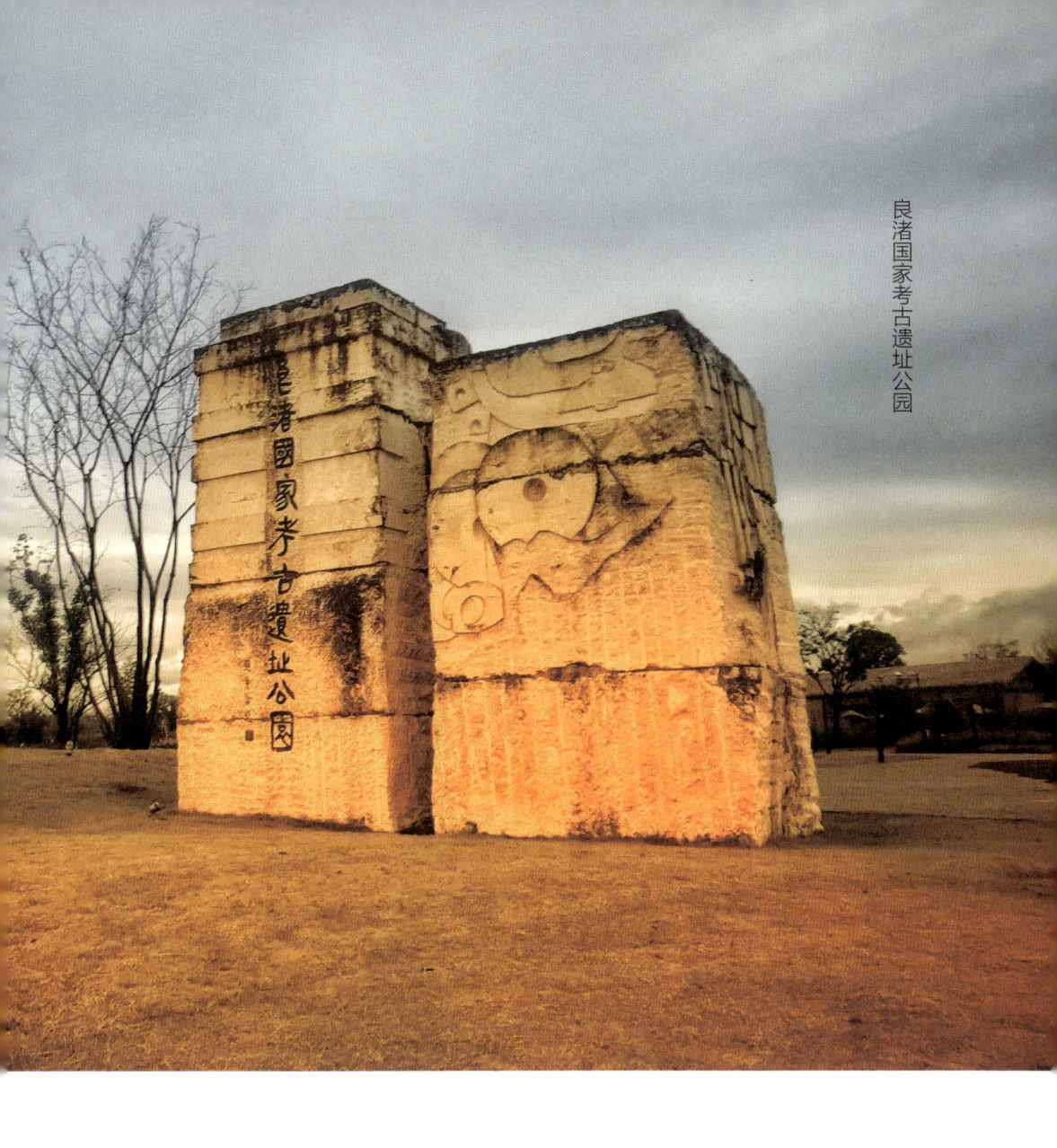

良渚文化

良渚文化,因以浙江省杭州市余杭区良渚遗址为代表而命名。年代为公元前3300—前2200年,也有人认为起始年代可早至公元前3400年。良渚文化是中国新石器时代晚期最发达的文化。

良渚文化的经济以农业为主,主要种植水稻,已有成套农具。家畜饲养较为普遍,多养猪,另有狗、鸡等。手工业兴盛,有制陶、玉器制作、纺织、髹漆、竹木制作、象牙雕刻等。其中,玉器制作尤为突出。

金沙迷雾

四川盆地被群山包围

天涯石路牌

天涯石

古蜀国真的与世隔绝吗

四川盆地被崇山峻岭所包围，唐朝大诗人李白感叹"蜀道难，难于上青天"，可以想见，成都平原是一个相对封闭的地方。那么，距大诗人李白生活的时代更久远的古蜀国时期，四川的对外交流自然是更困难的。

难道3000多年前的四川盆地是一个封闭的与世隔绝之地？四川师范大学巴蜀文化研究中心研究员刘弘，并不这样认为。

成都市一条普通的街道里面，有一块被特殊保护起来的大石块，称为天涯石，天涯石为粗红砂石，高2米多。当地曾有天涯、海角两块大石头，据考证是古蜀国大石遗址之一。

在刘弘看来，这块大石头隐藏着许多远古的信息，其中就包括古蜀国对外交往的证据。

古蜀国国王去世，都要树立大石块作墓志，后来这种风俗成为古代川西各部族的普遍现象。

从大石文化的传播途径中，人们也能够窥见古蜀人对外交流的秘密通道。

古蜀文化，是当时西南地区最发达的文化。作为文化高地，它的文化自然会在周围传播。

古蜀文化往哪里传播呢？往南传播。

在今天四川西南地区的凉山、西昌、盐源，包括滇西的弥渡等地，人们都有发现古蜀文化的痕迹。证实这些古老通道存在的重要证据，除了大石文化，就是天下闻名的蜀锦。

位于成都市中心的成都蜀锦织绣博物

·玉振·

蜀锦织绣博物馆织造机

蜀锦

　　蜀锦，中国四大名锦之一，因产于蜀地而得名。蜀锦色彩鲜艳，花型饱满，工艺精美，大都用染色的熟丝线织成，用经线起花，用彩条起彩或添花，用几何图案组织和纹饰相结合的方法织成。2006年，蜀锦织造技艺经国务院批准列入第一批国家级非物质文化遗产名录。

馆，是中国唯一拥有全套手工蜀锦制作工艺和蜀锦历史文化展示的专业场馆，里面有着大型蜀锦织造工场，可以现场手工制作蜀锦，并且这里还展示历代锦绣纹样，琳琅满目。

蜀锦

129

金沙迷雾

古蜀国第一任蜀王——蚕丛

四川古称"蜀""蜀国"和"蚕丛之国",因桑蚕丝绸业起源最早,故是中国丝绸文化的发祥地之一。

蜀锦兴于春秋而盛于汉唐,传说古蜀国开国国王,曾经以全民动员的方式,制造、经销和出口丝绸产品,形成了占据国际贸易上游的强大力量。

而这位传说中善于养蚕的国王,被称为蚕丛。他是养蚕专家,古蜀国第一个蜀王。

《华阳国志》云:"有蜀侯蚕丛,其目纵,始称王。"据说,他的眼睛跟螃蟹一样向前突起,头发在脑后梳成"椎髻",衣服样式向左交叉。

后来,人们将三星堆遗址祭祀坑中出土的几件大型纵目人面和鹰鸟形象的青铜器与文献所载对照,印证了古蜀传奇人物——蚕丛和鱼凫的存在。"纵目"即蚕丛的形象特征,三星堆青铜纵目人面像的眼球就向前凸出于眼眶十几厘米。

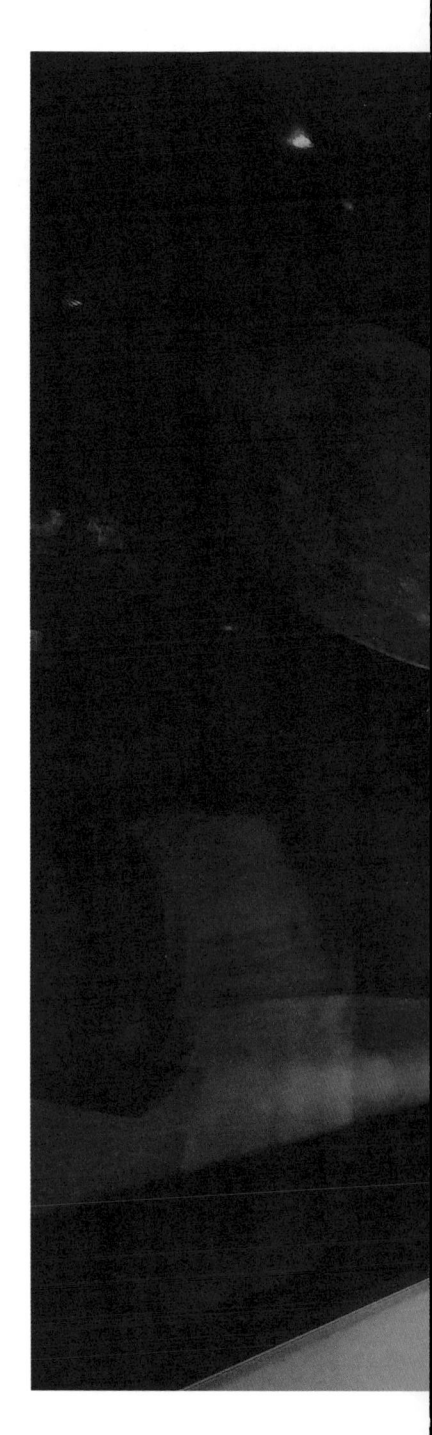

· 玉振 ·

纵目面具原型来自蚕丛

据悉，蚕丛部族最早居住在岷山石室中，那里山高路险、生活十分艰苦，不适于人们生活和养蚕事业的发展。于是，蚕丛想寻找一块更好的地方安居乐业，他听说成都平原地势开阔、沃野千里，就率领部族从岷山向成都平原迁徙，一路风餐露宿到了广汉三星堆一带。

蚕丛"衣青衣，劝农桑，创石棺"，以其伟大的胆略和超群的智慧，在成都平原发展生产和经济，铸就了古蜀国的辉煌历史。蚕丛巡行郊野常穿青衣，也被人们称为"青衣神"。

西周时期，蚕丛被其他部落打败，他的子孙后代分别逃到姚（今云南姚安）和嶲（今四川西昌）等地，新势力鱼凫由此崛起。

据考察，三星堆遗址对应的鱼凫王时期，再后来金沙遗址对应的杜宇王时期，都伴随有零星的海外丝绸使用记载；甚至在埃及出土的公元前1000年前后的木乃伊身上，人们也发现了来自东方的丝绸残片。

这些海外丝绸使用的记载，让人们不得不重新审视，曾经远远被低估的古蜀国的对外交流水平。

有专家认为，古蜀国时期，中国的西南已经初步形成了"南方丝绸之路"的雏形。通过这条商道，商人们把蜀锦和其他货物销往缅甸、印度，甚至更遥远的地方。

· 玉振 ·

老百姓养蚕场景

金沙迷雾

其实早在4000多年前，四川盆地就存在着多条从南方通向沿海，通向今缅甸、印度、巴基斯坦至中亚、西亚的中西交通古道，其时代甚至早于经由中国西北出西域的丝绸之路，历史学家统称为"南方丝绸之路"。

它是中国古代对外交通贸易和文化交流的主要通道之一，包括历史上有名的蜀身毒道和茶马古道等。从这个视角来看的话，三星堆和金沙并非所谓的偏远之地，反而可以说它处于中西/中外文明交流的前沿。

一些重要的考古发现也能很好证明这点，诸如三星堆、金沙出土的具有海洋文化特征的海贝、大溪文化的海螺、茂汶和重庆涂山出土的琉璃珠等，都表明，这些物品来自印度洋北部地区的南海。可见，古蜀人与南方世界的交通和交流早早就开始了。

位于川藏茶马古道起点的蒙顶山"天下第一壶"

玉贝

　　这件海贝形的圆雕玉器，透闪石玉，白中泛青，无杂质，器背部黏附着少量铜锈。整件玉器打磨得十分光滑。器身两侧边中段有四个较浅的齿状突起，器中部有一条纵向的沟槽，沟槽两侧对称排列着十四道浅凹槽，沟槽顶端有一个小孔，可以穿绳系挂。

玉贝

金沙迷雾

▎兼容并包的古蜀玉器

那么，人们有理由相信，沿着长江一直相通的天然通道，古蜀国时期的人们完全可能通过水路，实现从长江下游到长江上游的交流沟通。有了交往的通道，这件十节玉琮如何辗转来到成都平原，就只需要一个动人的故事了。

考古发现显示，大约在距今4000年，良渚文化的玉器就进入了成都平原。这件十节玉琮作为良渚人沟通天地的神圣之物，也许就是在那个时期随良渚人进入中原地区之后的不断迁徙而传播到这里的。

到了金沙时期，在金沙人看来，它本身已经是一件"千年古董"了。作为"沟通天地"的神物，这件十节玉琮被金沙时期的古蜀人视作"国之重器"，在距今约3000年的一次古蜀国重大祭祀活动中，它被埋入了金沙遗址的祭祀区内。

外来人员到来后，带来了先进的制玉技术，利用这些技术，工匠们选取本地上佳玉料，精心打造出了一批具有良渚文化风格的玉器。

十节玉琮

· 玉振 ·

玉琮从良渚辗转到金沙

金沙遗址祭祀区

祭祀场景

随着考古工作的开展，专家们发现，古蜀玉器中不仅有良渚文化的因素，同时还受到黄河地区的龙山文化、二里头文化、齐家文化等多元文化因素的冲击和影响。古蜀文化显示出了对外来文化极强的包容与吸收能力。

由于历史久远，古代制玉工具很难保存下来。考古专家是通过玉器上残留的制作痕迹来推论的。早在3000多年前，古金沙人就已经掌握了成熟完备的制玉技术。

你一定想象不到古人是用什么工具来切割玉器的，是线！《淮南子》就记载有"马尾截玉"的方法，就是用马尾或者是马鬃编成绳子，再加上砂和水，当作锯条，用它不断反复拉动，就能够把玉料切割开来。而用木头、骨头、竹子、石头等管状工具加砂蘸水，不断旋转碾磨，古人就能够给玉石打孔了。

据悉，制作一件玉器大致需要经过采料、选料、开料、切割、打孔、刻纹、镂空、掏雕、打磨、抛光等多道工序。

哪怕经过3000多年的岁月流逝，人们走进博物馆，见到这些精美的玉器，也仍然对古人的智慧和高超的技艺赞叹不已。

玉戈　制玉步骤——马尾截玉

· 玉振 ·

制玉步骤——钻孔

制玉步骤——纹刻

玉璧

蜀地文明历经了蜀山氏、蚕丛氏、柏护氏、鱼凫氏、杜宇氏、开明氏等多个历史阶段。即使是从鱼凫氏建立第一个国家形态的古蜀国开始算起，到开明王朝最终瓦解，古蜀国也存在了七百多年。

在每个历史阶段，古蜀人走出去、引进来的包容进取精神，让他们从未与外界失去联系。特别是到了金沙对应的杜宇王朝时期，古蜀人的对外交流达到了更高水平。

"蜀道难，难于上青天"，独特的地理条件给古蜀人与外界沟通带来了巨大障碍。但是，通过一些通道，古蜀人和周围的文明进行了深刻交流、互动和影响，古蜀文明与黄河文明、长江中下游文明一样历史悠久，以成都为中心的长江上游地区也成为辉煌的中华文明的发源地之一。

玉璋

玉璋，古人用来祭天拜日祈年的礼器，玉璋跟玉圭相似，《说文解字》中说："半圭为璋。"整体呈扁平长方体状，一端是斜刃或叉形刃，另一端穿孔。

璋有什么作用？除用作六器之一外，《周礼》记载还可"诸侯以聘女"或"天子以巡守"。天子巡狩时用它来祭祀山川。大山川用大璋，中山川用中璋，小山川用边璋。祭山礼毕之后，古人就会将玉璋埋在地下；如果是祭川，礼毕就会将璋投到河里。

玉璋

石跪坐人像

石祭

"国之大事,在祀与戎。"在3000年前的古蜀金沙,祭祀是一项非常重要的活动。

考古专家从金沙遗址中发现一处约1.5万平方米的专用祭祀区,已找到60余处祭祀遗存,并在这里出土了6000多件珍贵文物和数以吨计的象牙、鹿角等。

3000多年前的古蜀金沙人是怎么生活的?现在的我们或许可以从他们的祭祀遗存去寻找答案,猜测古蜀人的习俗制度以及当时人们的社会、政治、生产、生活等方面的情况。

金沙迷雾

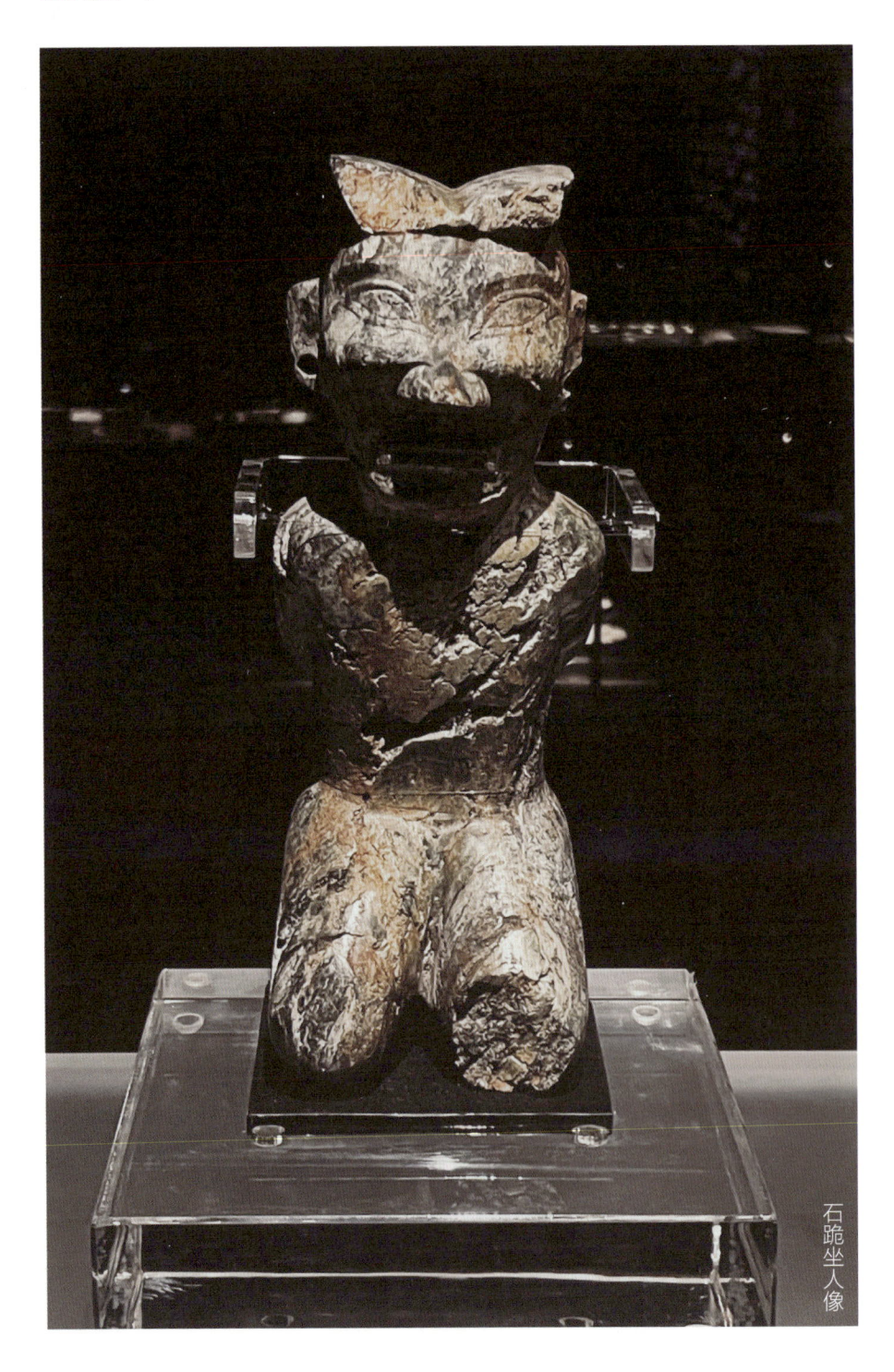

石跪坐人像

让人目瞪口呆的石像出土

2001年2月，金沙遗址意外发现了一些让人目瞪口呆的石像，有石蛇、石虎、石鳖，还有陆陆续续出土的12件石跪坐人像，高约20厘米，造型十分奇特。

这些石人的面部表情非常丰富：或悲恸、或惊恐、或平静、或苦涩、或茫然……并且他们的发辫十分新潮：留着长长的发辫，头顶梳着中分，四角高翘，就像一本翻开的书，手被反绑在身后，耳垂处钻孔，有点类似我们现在的耳洞。

这类形象，考古专家在三星堆遗址、成都方池街遗址曾有过发现，除此却并未在中国其他地区见过，推断这应该是古蜀国特有的一种艺术造像。

这12件石跪坐人像和石像都出土于金沙遗址东南部的祭祀场所内。在一个遗迹单位中，人像和石蛇、石虎的头部都被涂染成红色。

而在另一个遗存内人们又发现，石跪坐人像和石虎、石蛇、石璧很有规律地放置在一起；特别要提的是，石跪坐人像与石虎在出土时，虎口的位置正对着石人的胸膛……

金沙迷雾

目前为止，金沙共出土这种立体圆雕石虎共10件，整体是灰黑色的，石料上有大量的灰白色条状斑纹，跟虎斑纹相近。老虎呈趴卧状，直颈昂首，虎口大张威猛而狞厉。但整只老虎看起来又非常自然拙朴，静态中蕴藏着动感，蓄势待发充满力量感。

在考古专家看来，石跪坐人像和石虎、石蛇、石璧摆放在一块儿的姿势，有着明确而强烈的宗教仪式感。但是它们在古蜀人的祭祀活动中充当着什么样的功能和作用，人们不得而知。

这些梳着中分发型的石人究竟是谁？他们为什么会出现在这里？这样的场景和姿势有着什么样的特殊寓意？它们究竟想要传递什么信息呢？考古专家们一头雾水。

石虎

石跪坐人耳垂有钻孔

太阳节：筹备一场石人像祭祀活动

2016年1月，太阳节开幕倒计时，金沙遗址博物馆全体工作人员进入了超负荷工作状态。

每年农历腊月二十八至正月十五，金沙博物馆甚至成都市最重要的文化节日——金沙太阳节，这场中国式的狂欢节都会准时上演，人们甚至把金沙太阳节看作是新时代成都的年度祭祀。

金沙太阳节灯会

　　这次金沙太阳节策划了新的主题——秦汉成都与古罗马文明,主办者将通过罗马的文物展览、主题大型灯组、花市、演艺表演等形式,去展现两者之间的呼应。

　　主创者们对今年的表演提出了新的要求,除了要表现秦、汉帝国和罗马帝国的呼应,还需要展现3000年前古蜀国的农耕文化,以及古蜀先民们独特的原始崇拜。

　　古蜀人相信万物有灵,对神虔诚膜拜,形成一整套固定的礼仪制度和与神"对话"的祭祀仪式。这次太阳节活动中每年必备

的祭祀表演，就与十多年前金沙遗址出土的 12 件石人像，有着千丝万缕的关系。

考古专家们对于石人身份的推测，一直没有停止过。石人像刚挖掘出土时，很多人猜想，这些石跪人像是否描述的是一场血腥的活人祭祀？他们的身份会是怎样的，低贱还是高贵？

自然，这次太阳节的祭祀仪式活动，艺术家们的创作需要依据考古专家们对这批石像文物暗藏信息的解读来展开。

金沙迷雾

石人像猜想：
血腥的活人祭祀

2001年，当成都金沙遗址博物馆研究员王方第一次看到这些石人的时候，简直按捺不住心中的惊讶。

我们知道，商朝时期的祭祀大都会用活人祭祀，但考古专家在金沙遗址发现的2000多座墓葬中并没有找到活人祭祀的迹象，却意外在祭祀区发现了石跪坐人像。考古专家推测：这会不会是当时活人祭祀现象的替代形式呢？

用活人祭祀，是古代一种相当残酷的祭祀方式。1974年，陕西省宝鸡市茹家庄强伯墓发掘现场就出现了活人殉葬的场景：7个奴隶，有男有女，大都是青壮年人，墓室里白骨不规则摆列，身体上有被捆绑的痕迹。7具尸骨中最令人毛骨悚然的，是一个年轻女孩的遗骸。她的四肢骨和头骨相隔两米开外，显然女孩的身体被肢解开了。考古专家推断：年轻女孩生前被活活肢解，成为墓道封口时的牺牲品。

3000多年前的中国商王朝，祭祀时流行一种供品叫"牺牲"，其实就是"人祭"，把活人像牲口一样杀了以后奉献给祖先。

活人殉葬

女孩被肢解的身体　　　　　　 虢伯墓发现的遗骸　　　　　　 殉葬仪式

考古专家在甲骨文里也找到了相关记载，一次商王的祭祀活动共计杀了六百多人，这种人祭方式是非常血腥的。

那么，金沙遗址出土的石跪坐人像也是活人祭祀吗？

考古专家观察到石跪坐人像与石虎在出土时呈现出一个特殊的组合——虎口大张正对人的胸膛，这让考古专家隐隐感到，这场祭祀呈现的场面可能有着一定的特殊含义。

成都金沙遗址博物馆研究馆员王方这样解释：石虎和石跪坐人像之间呈现的其实是一种神和人之间的关系。这场祭祀想要表达的是，人要借助象征神的这种动物（虎）将意愿上达天庭，祈求上天保佑。老虎表达的是神性，而人要借助老虎（即神）的力量将自己的愿望送上去。

虎口正对着石人胸膛

· 石祭 ·

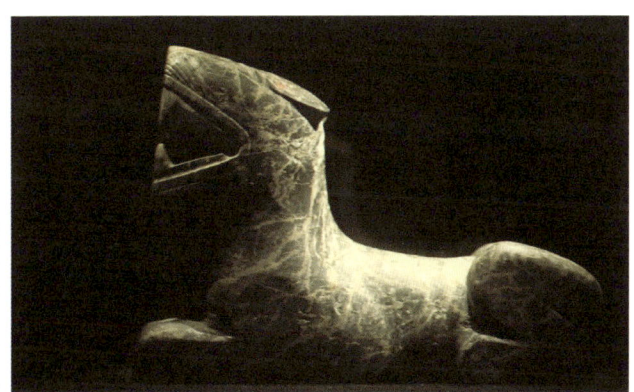

虎在祭祀中被神化

石虎

　　至于祭祀献上的活人祭品，历史学家发现，通常这些对象都来自与外族作战中抓获的俘虏或者是一些低等级的奴隶，意在向祖先表达自己的战功。毕竟祭祀的对象往往是祖先，而祖先可不喜欢吃人。而且在劳动力极其珍贵的时代，绝大部分俘虏都会用来充当奴隶，干一些杂役、耕种的工作，甚至打仗。这也说明考古专家在商王朝墓葬现场发现的大规模人骨，通常都是殉葬用的。

石人像身份大猜想

不过，考古专家注意到，金沙遗址这些石人像的跪姿十分奇特，从姿势上看，他们可能并非人们原先认为的那样是地位低贱的人物？这又是怎么回事呢？

通常，祀奉、敬奉祖先的时候，人们往往采取的是跪姿，但仔细观察金沙遗址石人像可以看到：石人像虽然是双膝跪地，但臀部放在脚后跟上，大腿和身躯并没有直立。据文献记载，两膝着地、臀部贴于脚跟上，这种姿势称为"坐姿"。"坐"，是一种古老而崇高的礼仪习俗，通常是高等贵族才用的。

我们现代人理解的"跪"，在古代称为"跽"，是"两膝着地伸直腰股"，指的是臀股不贴足跟、并且直腰"长跪"。

由此可见，石人像的姿态并非是带有惩罚性质的跪，反而恰恰是古代正儿八经的"坐"了。那么可以推测，石人像的身份，自然也就不是低微的奴隶或者战俘了。

也因此有专家认为，石跪人其实并不是战俘或奴隶，而是王国地位崇高的巫师。

石跪坐人像

· 石祭 ·

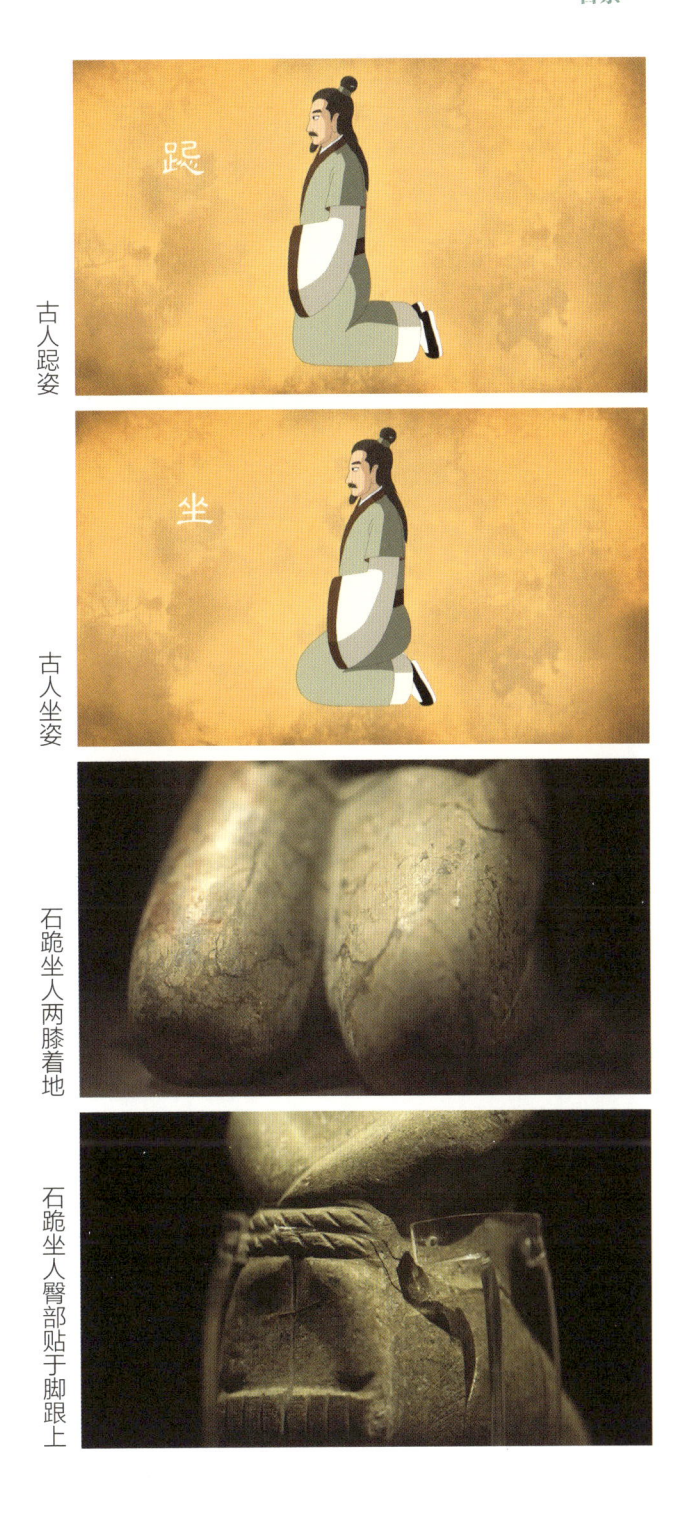

古人跽姿

古人坐姿

石跪坐人两膝着地

石跪坐人臀部贴于脚跟上

《吕氏春秋》

反绑自己的巫师

石跪坐人可能是高等级巫师

文献记载也呼应了这样的猜测。《吕氏春秋》中有这样一段记载，"昔者汤克夏而正天下，天大旱，五年不收，汤乃以身祷于桑林……于是翦其发，枥其手，以身为牺牲，用祈福于上帝，民乃甚说，雨乃大至。"

说的是，商汤王灭夏之后掌管天下，遭遇大旱导致五年颗粒无收。商汤就剪断自己的头发，将自己的身体作为祭品向天帝求福。这就是史料所记载的"曝巫求雨"。

即国君在无可奈何的情形下，会将神的使者也就是巫师，暴晒在太阳之下，以求上天怜悯降雨。"桑林祈雨"的汤王，正是主动献身祭祀的上层人士。

当然，关于石跪坐人像并非地位低下之人，而是高等级巫师的推测，考古专家还从人像头上所戴冠饰找了实证。

一是，金沙石人像头顶的冠饰恰好与三星堆青铜神坛上进行祭祀活动的巫师冠饰基本相近；二是，金沙石人像是裸体的，这代表一种对神灵的尊敬、敬畏。

在很多宗教祭祀活动中，主持祭祀仪式者往往都会主动净身。可见，这些石人像的身份，并不简单。

金沙迷雾

祭祀中反绑自己的巫师

但是,为什么在3000年前的古蜀国祭祀仪式中,地位崇高的巫师会将自己给绑起来呢?

有专家推测,正如文献中所记载的那样"曝巫求雨",巫师用绳索捆绑双手的行为,并非刑罚,而是一种特殊的祭祀行为,这可能是古蜀族或古蜀王国社会宗教仪式中一个特殊的环节。

我们知道,古蜀国文明所处时间在距今5000～3000年。据《淮南子·览冥训》记载:"往古之时,四极废,九州裂;天不兼覆,地不周载;火爁炎而不灭,

曝巫求雨

女娲补天

水浩洋而不息；猛兽食颛民，鸷鸟攫老弱。"那完全是一段史前大洪水与旱灾交替的时期。

从上古神话故事也能看出，夏朝以前洪灾尤为突出，女娲、鲧、共工、大禹、伯益等都参与过治水。

也因此，专家推测，在求雨和驱除洪水的过程中，人们都会祭祀、向上天祈福，而裸露并反绑自己、将自己献给神明的举动，更像是巫师在祭祀活动中施法的行为——"曝巫求雨"。

金沙迷雾

如果说，金沙遗址中的石人像就是古蜀国的巫师，在这么重要的王国祭祀仪式中，他们会怎么做呢？

专家认为，他们首先离不开的、最重要的道具就是面具。面具作为一种戴在面部的物品，与巫术息息相关；意味着个体一旦戴上面具，他的力量就得到了提高或者是个体神化了。

中国古代巫师佩戴面具，是一种相当久远的习俗，可追溯到新石器时代甚至更早，向下则一直传承至今。如今，很多少数民族地区，人们在祭祀、祈年、节日活动中仍广泛地使用着面具。

巫师在祭祀活动过程中佩戴面具，以仪式、献祭或歌舞的形式祈求神灵降临，希望与神灵融为一体，从而能与神灵沟通、对话。此外，面具又是神灵降临时寄居的场所，人们可以将它陈设于宗庙或祭祀场所内，以随时迎接神灵的到来，并接受人们的膜拜。

面具之下的古蜀国巫师，将如何主持这场王国重大的祭祀？

金面具

· 石祭 ·

巫师祭祀

金沙迷雾

古罗马斗兽场

· 石祭 ·

太阳节再现古蜀祭祀

3000多年后,金沙太阳节的主创者们也在摸索着。

2016年1月18日,离太阳节开幕还有19天,"永恒之城——古罗马的辉煌"展的展品,运抵金沙遗址博物馆,其中包括来自意大利7家博物馆的200多件(套)展品。

通过这些大理石雕像、钱币、珠宝首饰、陶器、玻璃器等古罗马文物精品,主办者希望还原古罗马人民在近500年历史长河中的诸多生活场景,同时体现四川对文化的包容。当然,主办者也希望这份精心准备的礼物,能够得到参观者的认同。

祭祀祈福活动自然是金沙太阳节上不可或缺的一大亮点。那么,在这次太阳节上,导演又是怎么规划、设计金沙祭祀活动的呢?

这次的祭祀表演,将打破往年单纯的祭礼仪式,而是通过情景再现来讲述一个完整的故事。

"古罗马的辉煌"展

金沙迷雾

古蜀先民原本过着无忧无虑的生活，日出而作日落而息。突然有一天，灾难来临，部落的人们举行祭祀仪式，献祭天神，祈求平安幸福，成功化解了危难……

园区的灯组和扎花正在紧锣密鼓地准备着。这次太阳节共有40余组大型灯组，和数万串LED彩灯，点亮园区夜空。其中，仅摸底河河道装饰灯具就有4000余盏。以"秦汉成都""古罗马的辉煌""新春民俗"三大板块为主体，配合灯饰营造氛围，向游客展现秦汉成都与古罗马在东西方历史上的重要地位。

重头戏即将拉开帷幕。3000多年前的古蜀国祭祀，会是怎样的景象？

为了表达对崇高的受祭对象的虔诚、敬畏，佩戴着神秘面具的大巫师，裸体、剪发，反缚双手，庄严地在祭台上献上自己，他希望自己的牺牲能够感动上苍，从而降福于人类。

祭祀表演

164

·石祭·

金沙太阳节灯展

神圣而庄严的"古蜀大社"

专家们没有就此停下研究的脚步,他们认为,古蜀人的祭祀进程还有下一个阶段。

在金沙遗址博物馆的展厅里面,一尊近20厘米高的小青铜立人像,独霸了一个巨大的空间,这件国宝文物显示了它与众不同的地位。

这件青铜立人像由上下相连的立人和插件两部分组成,通高19.6厘米。立人像身躯修长,神情肃穆。人像头上戴有一顶环形帽圈,十三道弧形光芒状饰品,沿着帽子的周边呈逆时针旋转,形状如同太阳的光芒。

小青铜立人,就像一个光明的使者,他明显区别于那些跪坐的石人。虽然他们有着同样的辫发,但从一站一跪的形态看,他们一尊一卑,有着迥然不同的地位。

有学者推论,青铜立人像可能象征当时蜀人中的群巫之长,代表蜀地向天神祭拜、与天地沟通的使者;而戴上面具的巫师长,他的表演舞台又在哪里呢?

· 石祭 ·

青铜立人

金沙迷雾

祭祀大社动画复原图

在金沙遗址祭祀区，考古工作者发现了一个建筑基址。这是祭祀区唯一的一处建筑遗址，仅存 9 个柱洞。这些柱洞直径竟达 40 厘米，是金沙遗址迄今发现的 160 余座建筑中最粗大的。有趣的是，这座等级极高的建筑，正好建在集中着绝大部分金沙珍贵文物的高台之上。

著名古建筑专家杨泓勋先生做了一个复原，他称复原后的建筑为"社"，社就是专门用于祭祀的一种建筑形式。在金沙遗址祭祀区，这是唯一一座建筑基址。

专家推测，祭祀坑内那 9 个圆角方形柱洞遗址之上，曾经矗立着一座神圣庄严的

·石祭·

柱洞

"古蜀大社",这座建筑有着一个类似亭子的顶部构造,一条长长的阶梯从地面延伸到亭子下的平台,结构高大威严。在这里,巫师长或古蜀王率领万民,手捧金器、玉器、象牙等贵重祭品,拜祭天地万物。

3000年前那场盛大的王国祭祀场景,由此渐渐清晰起来:

随着自我献祭或惩罚祭祀阶段的结束,大巫师戴上金面具,手捧象牙或者玉琮,登上神社,带领其他低阶层的巫师和子民,祭拜神明,最后再把搜集来的各种祭品,一同埋入地下。

169

石虎
商代晚期至西周
2001年四川省成都市青羊区金沙遗址祭祀区出土
成都金沙遗址博物馆藏

  至于金沙遗址中出土的或被雕刻成人形，或被雕刻成动物状的石像，它们都是古金沙人在祭祀活动中用到的特殊用品。这也表明，古蜀国时期的原始先民已经赋予了石头超出实用工具的意义。

·石祭·

古金沙人生活场景再现

金沙遗址出土的石虎、石人

趣味小知识：古蜀金沙人有多高？

　　古人受"祖先崇拜"和"事死如生（即对待死者如他活着之时）"观念的影响，所以对于丧葬十分重视。也正因如此，考古专家往往从古人的墓葬习俗，推测当时社会的生活状态。

　　从目前发现的金沙遗址两个墓葬区中，考古学家发现有2000多座平民墓葬，很特别的一点是，这些墓头大都朝向西北或西南。

　　传说蜀族祖先是从西北方向的高山中来到成都平原繁衍生息的，墓头的朝向可能就是人们对祖先缅怀、崇拜之情的表达。

　　古蜀金沙人有多高，考古专家正是通过墓葬了解到的，古蜀先民平均寿命在35岁左右，平均身高在1.55米左右。

171

金沙迷雾

石磬(qìng)
Stone qing (chime stone)

· 石祭 ·

古蜀国的神灵崇拜

古蜀金沙人为什么要把这么多宝贝埋在地下？

专家推测，古蜀国所处的时代，是一个万物有灵的时代。

古人相信"万物有灵"，他们认为天地山川、四方万物都有神灵笼罩。所以他们在做重大决策之前，会习惯性地问一问老天的旨意。他们会把自己认为最好的宝贝献给天地神灵，以求得到老天的庇佑和保护。这也就是我们所说的祭祀活动。

从金沙遗址出土的各种祭祀用品里，我们能发现很多迹象，比如古金沙人喜欢把象牙扔进水里祭祀，可能他们认为象牙能杀死水中的精怪，从而佑护人们风调雨顺；他们还喜欢把玉璧、玉琮、玉璋埋在土里献给天地山川。

从三星堆遗迹出土的巨型鹰首、人首鸟身、人身鹰爪等推测，蚕丛鱼凫时期的人们崇拜祭祀的对象应该是鱼、鸟等动物。

金沙遗址出土的石磬

金沙迷雾

从金沙遗址祭祀区出土的文物也表明，金沙遗址所处的历史时期，对应的应为杜宇王朝，这时的金沙古蜀人尤其崇拜太阳，最直接的证据就是太阳神鸟的出土；从出土的石虎、石蛇，以及鸟、鱼饰物也可以看出，这时的古蜀金沙人对动物神灵的崇拜。

蜀地文明有着几千年的历史，不同历史时期的古蜀人，有着不完全相同又一脉相承的神灵崇拜。

古蜀人正是这样，通过自己的智慧，创造了空前繁盛的文明和各种神奇的器物；通过自己的方式祭祀先祖和上天，祈祷神

·石祭·

古蜀金沙人生活场景复原

明赐予这片土地富饶和安宁；也正是通过这样的方式与大自然达成和谐，并积极应对大自然的挑战。

遗憾的是，古蜀国最终消失在了历史的长河里，唯有这些神奇的文物证明它们曾经存在过。

公元前500年左右，金沙古蜀国所代表的杜宇王朝被开明王朝所取代，又经过了几百年，北方一双贪婪的眼睛盯上了这片富饶的土地，古蜀王国波折起伏的命运，终于走到了最后的终点……

象牙

远去

  2000多年前的一个傍晚，古蜀国笼罩在一片绝望之中。灾祸迫在眉睫，王国面临存亡关头，只有逃离能让种族得以延续。

  究竟是什么样的灾难，逼使古蜀人不得不离开故地？又是怎样的变故，让一个伟大的古国彻底从历史记忆中消失？又是怎样的谜团笼罩着一种看似毫不相干的动物——大象？

金沙迷雾

◯ 重达数吨的象牙出土

2001年2月8日，考古专家赶到金沙遗址发现现场，看到了此生最难忘的一幕——到处都是象牙渣，泥土表面白花花一片，如覆白雪。

后来，考古人员从金沙遗址祭祀区共发掘出1000余根完整象牙和数以吨计的象牙段、象牙尖等象牙材料。这些象牙，最长的甚至接近2米，这可是如今非洲大象才拥有的巨齿。

除了三星堆遗址和金沙遗址，中国其他地区考古发掘中并未发现如此集中的象牙。

宋末元初文人方回在《估客乐》曾这样写道："十牛之车三百车，雪象红牙水犀角。"可见中国古代社会中，象牙是彰显尊贵身份的象征。唯有地位尊贵之人，方能拥有象牙制品。

人们不禁疑惑，3000多年前，这些体量之巨数量之多的古象牙，也是贵族专属吗？它们究竟是做什么用的？

值得注意的是，这些古象牙全都是在金沙遗址祭祀区发现的。

金沙遗址博物馆内景

象牙

最长的象牙接近 2 米

古金沙人用象牙祭祀场景再现 　　祭祀仪式后掩埋象牙

　　在祭祀区内一处最大的象牙残存坑，考古专家发现，坑内金、铜、玉器等器物分层叠放，而每层的最上层则是有序地铺陈堆积上若干象牙。

　　考古专家分析认为，这种现象意味着，古蜀人将象牙当作奉献给天地神灵的重要祭品；且古蜀人的象牙祭祀，不论在形式还是内涵上，都有着固定的、程序化的规则和定制。

　　且在不同祭祀

活动中，古蜀人所使用的象牙数量、使用方式是有所区别的：有时是将完整的象牙极有规律地朝着一个方向摆放；有时是将象牙切成饼状或圆柱状摆放；有时只取象牙尖来祭祀。这些方式体现出强烈的宗教色彩，具有特定的宗教含义。

专家从祭祀坑断面观察分析认为，金沙遗址的象牙遗迹主要分布在古河道的两岸；而从最大的象牙遗存坑发现，象牙多达8层，摆放极有规律，场面非常壮观。可以想见，古蜀人很可能最初是在河岸上进行祭祀的，祭祀仪式结束之后，他们就将象牙埋在河滩上，再在上面用土敷盖；等下次祭祀仪式之后又将象牙掩埋，如此不断循环往复、长此以往，河滩陆续被填平。

考古专家推测，作为祭祀过程中不可或缺的存在，古金沙人用象牙来祭祀的活动，持续了500余年。

考古现场发现象牙

刚出土的象牙很容易粉末化

工作人员正在清理象牙

出土就风化的象牙如何保护

不过，在挖掘清理象牙的过程中，考古专家发现，刚清理出的象牙一暴露在空气中，就会由于氧化作用，表面迅速变色，且颜色越来越深，跟刚刚出土时形成强烈反差。暴露在空气中的象牙，由于表面水分迅速蒸发，会马上化作一堆磷酸钙粉末，根本无法保存。

象牙

　　考古界曾经有过一次惨痛经历——20世纪80年代，人们在一次考古发现中发掘出土了一定数量的象牙，但是这些骨角质文物出土后因为环境突变，水分迅速蒸发，很快变得支离破碎，无法复原。

　　怎么办？凭借着我国目前的考古技术及文物保护技术，并不能够很好地解决象牙氧化问题，若任凭象牙继续氧化下去，则很可能会对金沙遗址中的象牙文物，造成不可挽回的损害。

　　且与数吨象牙同时被发现和出土的，还有大量野猪獠牙、鹿角、陶器和美石堆积，野猪獠牙、鹿角与象牙一样，同样面临着一碰就碎的遭遇。

为了最大限度地保留历史信息，专家们当机立断，对挖出的象牙采取了原地回填的保护措施。而进行到一半的发掘工作也立即终止，专家们迅速撤出。而对部分已挖出来的象牙，则采取有机硅封存保护，使它们能够完整地呈现在公众面前。

　　出土象牙如何有效保护，是一个世界性的难题。

　　考古专家介绍，一是在此之前，世界范围内考古发掘出土的象牙十分有限，保护研究很不深入，人们还没有找到成功保护象牙的先例；二是象牙本身的特性决定，象牙的结构和树木的树轮十分相似，分层组成，一旦表层的象牙质受到破坏，很

·远去·

出土象牙保护是个难题

金沙遗址馆内的乌木

快就会风化成为粉末，再也无法固定，更无法保护。

现在在金沙遗址博物馆内，人们建立了专门的文物保护和修复中心，其中一项重要课题就是金沙象牙的保护；同时，金沙象牙保护还被国家科技部列入了"十五"科技攻关项目。

目前，成都文物考古研究所主要采取就地回填和有机硅封护两种办法对象牙进行保护。

就地回填，就是把象牙挖出来后，经过绘图、照相、摄像等工作之后，又用原来的土把象牙回填在原地。

金沙迷雾

象牙

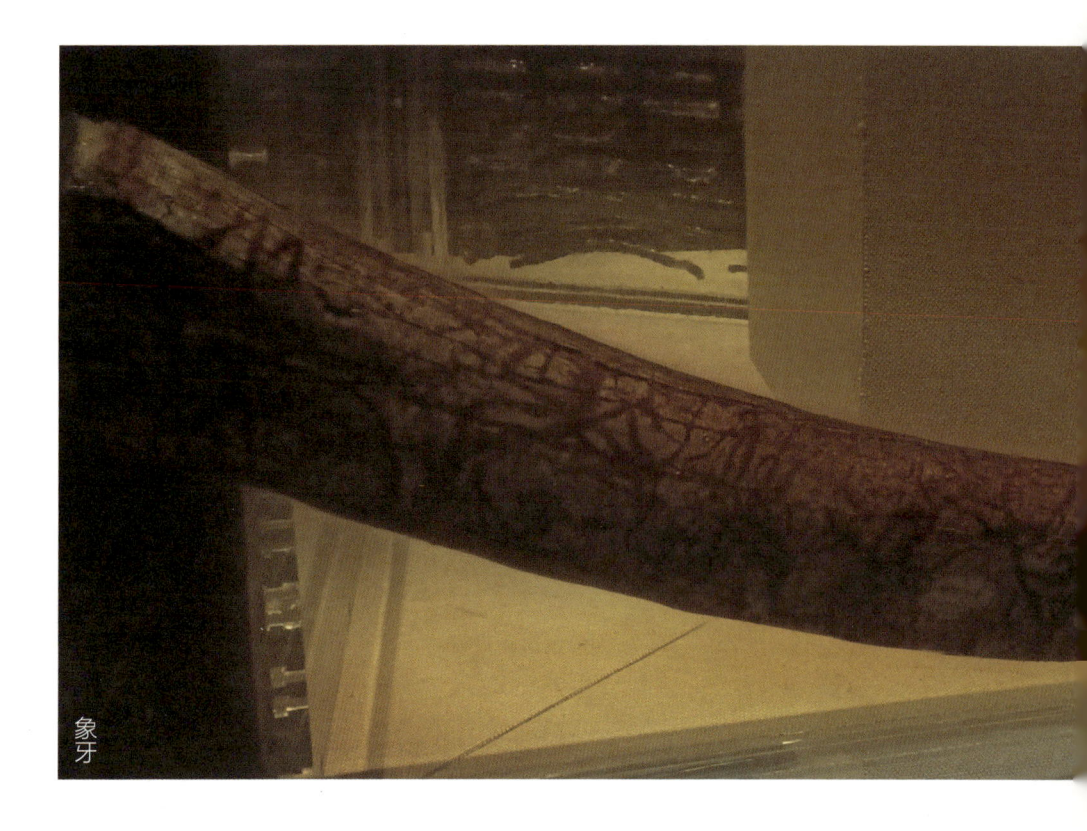

　　这种方法就是为了尽量把象牙埋藏在原来的环境当中。当然，考古专家每年会定期进行观测，目前来看，这种就地回填保护的效果还是相当不错的。

　　有机硅封护则是指将象牙长期封存在有机硅中，不与外界接触。有机硅是一种透明环保的固体材料，用它来保护象牙，不会对文物造成任何破坏，还能保证文物保护工作者时刻监测象牙的变化，以便立即采取新的措施。目前，金沙遗址出土的部分象牙采取有机硅封护后，取得了很好的保护效果。

　　关于如何更好、更有效地保护这些脆弱的国宝，文物保护和修复专家们还在继续探索中。

◯ 重达数吨的象牙是异邦舶来品吗

同时，一个巨大的疑问也在考古专家们的心里浮现——这些象牙究竟从哪里来的？大象是否曾在这片土地上生活过？如果是的话，为何如今的成都平原再也找不到一丝大象生活的痕迹，它们神秘消失的背后究竟有着什么样的秘密？

一些学者认为这些象牙是异邦的舶来品。

因为考古专家发现，除了象牙以外，三星堆和金沙遗址还出土了大量海贝，这些海贝被认为来自今天的印度洋区域或南亚一带。

金沙遗址鹿苑

　　人们猜测，也许3000多年前，一些异域商队来到这里，他们带来了诸如象牙、海贝等富有沿海和热带地方特色的货物。但是，这种推测一经提出，就遭到了很多专家的质疑。

　　金沙遗址出土的这1000多根象牙，应该最少取自于500多头大象。从象牙长度来看，它们很多都来自成年大象。这是一个数量非常惊人的庞大象群。如果说，这些重达数吨的1000多根象牙都来自遥远的

·远去·

大象的生存空间受到挤压

异域，那么这些象牙是如何获取和运输的，是一个值得探究的问题。

考古专家们由此产生了一个大胆的设想：根本不存在从远处运来的说法，3000多年前的古蜀人，在本地就能够轻松获取大量象牙。

这，真的可能吗？3000多年前的四川盆地，大象曾在这里栖息过？

金沙遗址博物馆的园区里，有着这样一群丛林精灵——鹿。每周两次户外活动时间，这些小家伙们会走出棚子、来到大草坪活动。

没错，这些鹿是金沙遗址博物馆专门引进饲养的。

因为，在金沙遗址的抢救性挖掘中，考古专家们不仅发现了大量的象牙，也发现了大量鹿角。

189

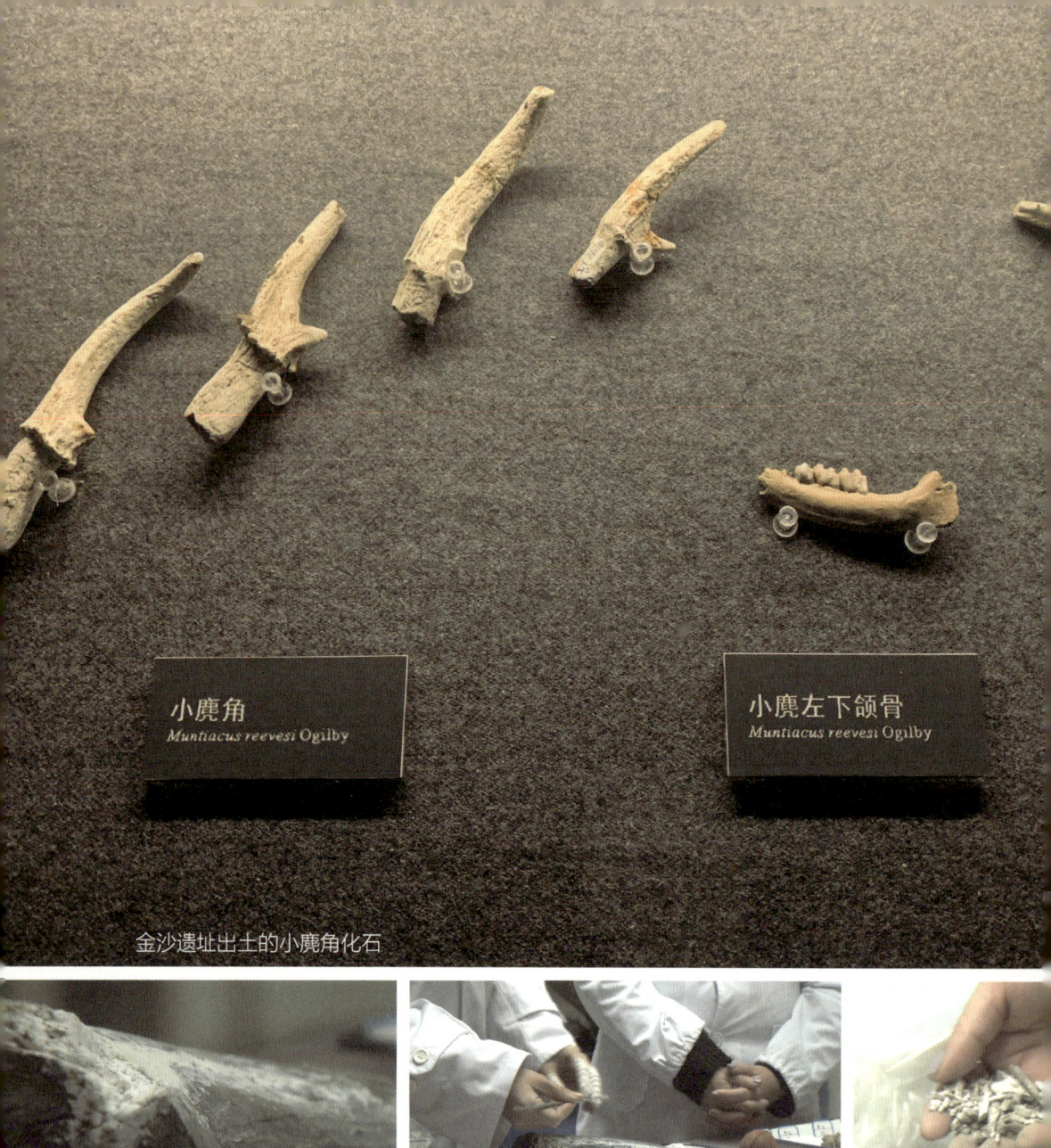

小鹿角
Muntiacus reevesi Ogilby

小鹿左下颌骨
Muntiacus reevesi Ogilby

金沙遗址出土的小鹿角化石

动物骨骼

考古团对古金沙生态做分析

考古研究材料

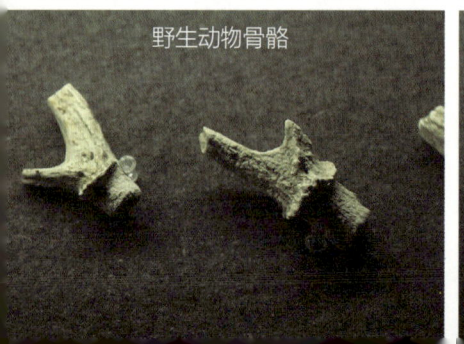

野生动物骨骼

野生动物骨骼化石

考古专家收集研究材料

· 远去 ·

(一)古金沙曾是象群栖息地

如果3000多年前,这些林中精灵的祖先们跟大象一样,在成都平原繁衍生息过,那么当时这里的气候环境会是怎样的呢?

文物考古研究专家们决定,从地下、从泥土中寻找有说服力的证据。

2016年1月的成都,潮湿而寒冷,在成都市新津县龙马乡宝墩村的考古工地上,成都文物考古研究所宝墩遗址工作站何锟宇站长率领的团队,已经忙碌了几个月。

在这片土地下面埋藏着古蜀国早期的文化遗存,考古专家发掘到一个聚落,有大量房屋、有几十座墓葬,还有大量灰坑。让考古专家兴奋不已的还有,伴随着这些人类活动遗存物的是同时代的植物。何锟宇团队希望通过分离出3000年前的植物孢粉,分析那个时代的气候、植被以及生态环境。

研究人员通过对植物种子、植物孢粉和动物骨骼进行分析鉴定,发现3000多年前的成都平原,不仅有着大量猪、狗、羊等家禽动物骨骼,还有诸如鹿角、犀牛臼齿、老虎犬齿、野猪獠牙等野生动物骨骼。

这说明，当时的成都平原六畜兴旺，有着丰富的动物资源；同时这里还有大量蕨类、藻类以及乌木。这些证据表明，3000多年前，古蜀人生活的气候环境，要比现在更加湿润温暖。

金沙遗址博物馆展厅里的一幅半景画，就为人们还原了3000年前成都平原的生态环境。可以看到，当时的成都平原

· 远去 ·

乌木

　　乌木，又称阴沉木、炭化木，是树木由于地壳的自然变异埋沉于古河床之后，在特定自然条件下，经过数千年甚至上万年的炭化过程而形成，其树种以楠木、红椿木、香樟树等常见。乌木主要出土于四川盆地，经碳-14测定，其年代在距今10000—3000年。

金沙遗址乌木林

这里有着丰富的动物资源

　　土壤肥沃，树木参天，河流纵横，湖泊众多，有着大量的湿地，这样的环境非常适宜鸟兽尤其是大型动物生存。

　　专家推测，很大可能，这里曾是亚洲象群的重要栖息出没之地；且通过基因分析发现，金沙遗址出土的象牙就来自亚洲象。可以想见，3000年前亚洲象的个头，可要比现在大得多。

青铜蛇

大象曾在成都平原栖息过，文献中也有过相关记载。

《山海经》里提道：岷江的水从岷山流出来，那里有犀牛、大象。在《山海经·海内南经》中有"巴蛇食象"一说。《国语》里也有"巴浦之犀、牦、兕、象，其可尽乎"的感叹，巴、浦大抵指的就是现在的四川一带。

其实，不仅仅是成都平原，据说就连远古中国的黄河流域也出产大象。《诗经》里曾经说："元龟象齿，大赂南金。"孟子也说："周公相武王……驱虎豹犀象而远之，天下大悦。"

考古专家根据考古发现和文字记载发现：距今差不多7000年，甘肃秦安大地湾、河南淅川下王岗遗址有着大象生活的痕迹；距今3000年的河南殷墟、四川金沙等地，也发现

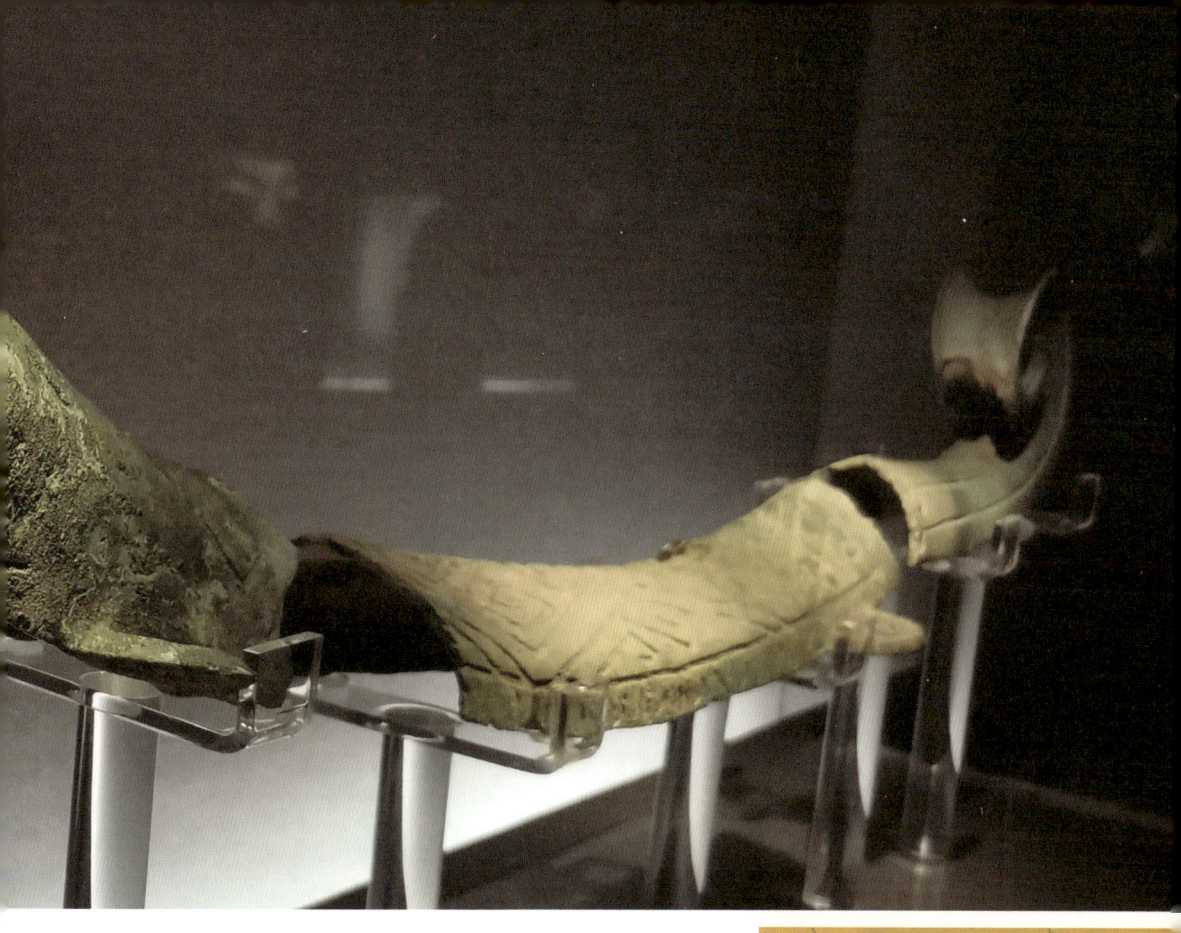

有大象生活痕迹的证据；到了公元前9世纪的西周晚期，黄河流域就没有大象活动的相关记载了。

说明，远古时期的象群可能有着极为广泛的分布，北到黄河流域，西到成都平原都有象群的足迹。只是后来随着气候的变化，象群才逐渐向南迁徙。

或许，正因如此，古人在想念远去的象群时，创造出了"想象"这个词，它的本意就是"对大象的想念"。

远古黄河流域也出产大象

远古时期成都平原有象群足迹

都江堰宝瓶口

◯ 象群消失之谜

困扰考古专家们的另一个问题又来了：象群从四川盆地消失，除了气候变

·远去·

冷的原因，还有其他因素影响吗？象群消失是否跟古蜀国的消失有关？

一些学者认为，这跟当时的大洪水脱不了干系。

2016年1月，尽管是枯水期，岷江充沛的江水依然汹涌而来，在都江堰的鱼嘴（分水堤），寒气扑面而来，游人被远远隔离，以防不可预知的危险。

原都江堰市历史文化研究中心副主任蒋永志来到了这里，在他看来，都江堰是一座曾经改变四川盆地历史命运的伟大工程。

都江堰坐落在成都平原西部的岷江上，始建于秦昭王末年，是蜀郡太守李冰父子组织修建的大型水利工程，由鱼嘴（分水堤）、飞沙堰（溢洪道）、宝瓶口（引水口）三大工程构成。

2000多年来，都江堰担负着四川盆地中西部地区1130万余亩（1亩约合666.67平方米）农田的灌溉、防洪、人们生活供水等多项服务功能，正是它，使成都平原成为沃野千里的"天府之国"，是全世界迄今为止，年代最久、唯一留存、仍在使用的宏大水利工程。

金沙迷雾

但是，在李冰修建都江堰之前，四川盆地却是另外一番景象。古蜀国时期，成都平原是一个水旱灾害十分严重的地方，这种状况是由岷江和成都平原特殊的自然条件造成的。

在古代，岷江也叫"都江"，它是长江上游的一大支流，岷江大峡谷所有的水全都汇聚到这条江里来。而岷江流经的四川盆地西部是中国多雨地区，年均总水量150亿立方米左右。在古时候，这里气候更为湿润，雨量更加充沛，岷江的水流量也更大。

雨季来临时，岷江之水涨得非常迅猛，水势十分湍急，从岷山山脉冲出，沿着成都平原西北侧向南流去。这对当时整个成都平原来说，岷江就像是一条地地道道的地上悬河。每当雨水丰沛季节，成都平原就会变成一片汪洋，水害非常严重。

而当旱灾来临，岷江之水又会完全因着地势关系从南边流走了。因此，3000年前的古蜀国，完全处于水灾和旱灾交替出现的时期。

难道，古蜀国和大象的命运，就这样被气候和大洪水左右了吗？

成都平原在古时候经常河水泛滥

远古时期岷江水害严重

金沙迷雾

蜀王下令修路

蜀王派兵攻打不听话的附属国

()古蜀国灭亡

天灾也许会让古蜀国衰落，最终真正灭亡它的却另有其人。

专家们发现，让古蜀国灭亡的，是横扫六国、建立中国历史上第一个统一国家的秦国。

公元前316年，古蜀国的开明王朝走到了历史的尽头。

这一年，蜀王决定进攻苴国。

苴国和当时的秦国接壤，是蜀王杜尚给自己弟弟的封地。

据悉，历经几代之后，苴国越来越不听蜀国号令，转而与巴国友好，时常与巴国联合抗蜀。于是，蜀王杜芦命令五位大力士限期开凿了蜀国至苴国的通道，以便快速出兵攻打越来越不听话的附属国——苴国。

· 远去 ·

苴国是开明蜀国的分封国

苴国

　　苴国，是东周时期西部地区古国名，东周战国时期开明氏蜀国的分封国。它的第一代君主是蜀王杜尚的王弟杜葭萌，因此苴国也称葭萌国。

　　苴国都城位于今四川广元市昭化镇，管辖范围大致为今天的四川东北部、甘肃和陕西西部，存国共56年。

成都平原变成天府之国

　　苴侯求救于秦，蜀王也派使者与秦结盟，目的是不希望秦国干涉。但狡诈的秦惠文王收了两国的礼物后，却派张仪、司马错率领军队，利用蜀王开凿的通道，先后灭掉蜀、苴、巴三国。巴蜀从此成为秦国的粮仓，为秦统一六国奠定了基础。

　　秦灭巴蜀，李冰入蜀治水，一切发生了根本改变，秦汉成都一部分传承了古蜀文明的文化特质，同时又不断吸纳融会周边尤其是中原文化的精华，成都平原的活力得到极大激发。很快，秦汉时期成都就成了中原王朝在中国西南地区和长江流域最大的经济开发区。

　　四川盆地变成了天府之国。大象和古蜀人一样逃脱了大洪

水的威胁，但是，大象却迎来了最致命的敌人——大量增长的人口，导致生存空间不断被压缩，大象被迫向南退去。

气候和人，最终导致大象远去成都平原这块土地。如今中国境内还能看到野生大象的地方，只剩下云南省西双版纳的亚热带丛林。

经过文物修护与保护专家们十多年的潜心研究，象牙这些脆弱国宝的保护，终于迎来了曙光。

专家将一种特殊的药水注入象牙当中，让药水跟象牙发生反应，通过这种独特的方法，象牙的力学性能得到明显增强。

如果这项科研成果经过科学和时间的验证，能获得成功，那么，未来金沙遗址博物馆出土的象牙将不再依赖有机硅的临时封护，就能完整地呈现在公众面前，这将是世界考古史上的一大突破和壮举。

古蜀人被灭国之后，难道就这样消失了吗？

在远隔千里的越南，细心的研究者们发现大量有着古蜀国文化特征的出土文物。故事还有着另外一个结局：

秦灭蜀后，蜀国仅存的一位王子率部众南逃到今越南北部，建立起瓯雒国，自称安阳王朝。这个国家延续了一百年后被秦末将领赵佗所灭，古蜀国就这样彻底消失在了历史长河中。

·远去·

未来象牙将可能不再依赖有机硅封护

专家给象牙打针增加其力学性能

专家给象牙打针

○古蜀文明 未完待续

　　1931年发现的三星堆遗址，第一次向世人证实了古蜀国的存在。古蜀人创造了震惊世界的文明，有着辉煌的过去，三星堆遗址出土的造型奇特的祭祀用品，显示出古蜀国明显区别于华夏其他地域的文化特点。

金沙迷雾

古蜀人生活场景再现——捕鱼

古蜀人生活场景再现——打猎

而1995年发现的金沙遗址，再一次让世界瞩目。考古学家在这里发掘出了上万件文物，不但成功地搭建起金沙文明的祭祀体系，还填补了古蜀国历史的最后一块拼图。

古蜀国，终于从历史的迷雾中变得清晰起来。至此，考古专家将成都平原古蜀文明在漫长历史长河中经过的四个阶段勾画了出来：

第一个阶段，就以史前城址群为代表的阶段，即新石器时代晚期，在距今4500～

古蜀人生活场景再现——祭祀

古蜀人生活场景再现——与大象共生

3800年；第二个阶段，是以三星堆遗址为代表的阶段，距今3800～3200年，相当于夏商时期；第三个阶段，是以金沙遗址为代表的阶段，距今3200～2600年；第四个阶段，是以成都市区商业街船棺葬遗址为代表的晚期巴蜀文化阶段。

蜀地文明有着几千年的历史，历经了蜀山氏、蚕丛氏、柏灌氏、鱼凫氏、杜宇氏、开明氏等多个历史阶段。

金沙迷雾

而成为国家形态的古蜀国，也历经了三星堆祭祀区对应的鱼凫氏王朝，金沙祭祀区对应的杜宇王朝，直到最后灭亡的开明王朝。

但是，消失的古蜀国，仍然给世人留下许多未解之谜，如：最早的古蜀部族是从哪里迁徙而来的。

尽管大多专家们都认为，古蜀国与华夏文明一脉相承。但也有学者从古蜀人对眼睛和太阳的崇拜，推测他们可能源自西方族群，这为古蜀人的来源提供了另外一种有趣的探索。

虽然迷雾重重，但是通过古人留下的遗物和记载，我们仍然能够依稀勾勒出这个古国的轮廓。

它曾经是一个强大的古国，它的疆域

黄金面具

十节玉琮

青铜立人

最大时覆盖了如今的中国西南数省,甚至为武王伐纣提供了最有战斗力的军队。

它是一个悠久的古国,绵延几千年,历经风云。

它是一个文明古国,创造了独特而灿烂的文化,丝毫不亚于华夏和世界任何一个文明。

它是一个开放的古国,通过各种古道和世界发生着联系。

3000年后,这片土地的开拓者们,他们用自己的智慧和汗水又开创了一个全新的时代。

图书在版编目（CIP）数据

金沙迷雾 / 科影发现编 . -- 北京：中国科学技术出版社，2023.6（2024.2 重印）
（博物馆里的考古大发现）
ISBN 978-7-5236-0153-2

Ⅰ．①金… Ⅱ．①科… Ⅲ．①巴蜀文化—文化遗址—成都—通俗读物 Ⅳ．① K872.711-49

中国国家版本馆 CIP 数据核字 (2023) 第 055937 号

策划编辑	徐世新
责任编辑	向仁军　孙璐
封面设计	锋尚设计
正文版式	玉兰图书设计
责任校对	吕传新
责任印制	李晓霖

出　　版	中国科学技术出版社
发　　行	中国科学技术出版社有限公司发行部
地　　址	北京市海淀区中关村南大街 16 号
邮　　编	100081
发行电话	010-62173865
传　　真	010-62173081
网　　址	http://www.cspbooks.com.cn

开　　本	710mm×1000mm　1/16
字　　数	130 千字
印　　张	13.25
版　　次	2023 年 6 月第 1 版
印　　次	2024 年 2 月第 2 次印刷
印　　刷	北京瑞禾彩色印刷有限公司
书　　号	ISBN 978-7-5236-0153-2/K・357
定　　价	88.00 元

（凡购买本社图书，如有缺页、倒页、脱页者，本社发行部负责调换）